THINK TANK
智库论策

国有资本平台高质量发展与数字化转型

The High-Quality Development and Digital Transformation of China's State-owned Capital Investment and Operation Platforms

张 苑 著

上海社会科学院出版社
SHANGHAI ACADEMY OF SOCIAL SCIENCES PRESS

目 录

第一章 导论 ·· 1
　第一节　国有资本平台概述 ··· 1
　第二节　国有资本平台产生的背景溯源和政策脉络 ············· 2

第二章 国有资本平台的发展历程 ·· 6
　第一节　国有资本平台的发展阶段 ··· 6
　第二节　中国地方国有资本平台的实践探索和有益经验 ····· 7

第三章 国有资本平台高质量发展的内涵、特征与国际借鉴 ········ 12
　第一节　国有资本平台高质量发展的内涵 ··························· 12
　第二节　国有资本平台高质量发展的特征与方向 ··············· 14
　第三节　国有资本平台高质量发展的国际借鉴 ··················· 15

第四章 国有资本平台数字化转型的内涵、特征与国际借鉴 ········ 24
　第一节　数字化转型的内涵 ··· 24
　第二节　国有资本平台数字化转型的特征 ··························· 26
　第三节　国有资本平台数字化转型的国际借鉴 ··················· 27

第五章 中国国有资本平台高质量发展与数字化转型的实践 ········ 45
　第一节　中央层面国有资本平台高质量发展与数字化转型的实践 ··· 45
　第二节　地方层面国有资本平台高质量发展与数字化转型的实践 ··· 51

第六章 中国国有资本平台高质量发展案例分析 ···························· 58
　第一节　中国诚通国有资本平台高质量发展案例分析 ············· 58

第二节　中国国新国有资本平台高质量发展案例分析 …………… 66

参考文献 ……………………………………………………………… 74

附录：国有资本投资、运营公司政策文件摘编 ……………………… 76
　中共中央　国务院关于深化国有企业改革的指导意见 ………… 76
　国务院关于改革和完善国有资产管理体制的若干意见 ………… 88
　国务院关于推进国有资本投资、运营公司改革试点的实施意见 …… 94
　改革国有资本授权经营体制方案 …………………………………… 101
　国务院国资委授权放权清单（2019年版） ………………………… 108
　国务院国资委关于以管资本为主加快国有资产监管职能转变
　　的实施意见 ………………………………………………………… 112

第一章　导　　论

第一节　国有资本平台概述

国有资本投资运营平台的概念于2013年11月的中共十八届三中全会首次提出。根据2018年国务院印发《关于推进国有资本投资、运营公司改革试点的实施意见》中的界定,国有资本投资公司以投资融资和项目建设为主,通过投资实业拥有股权,通过资产经营和管理实现国有资本保值增值,履行出资人监管职责。这类公司主要以服务国家战略、优化国有资本布局、提升产业竞争力为目标。在关系国家安全、国民经济命脉的重要行业和关键领域,国有资本投资公司按照政府确定的国有资本布局和结构优化要求,以对战略性核心业务控股为主,通过开展投资融资、产业培育和资本运作等,发挥投资引导和结构调整作用,推动产业集聚、化解过剩产能和促进转型升级,培育核心竞争力和创新能力,积极参与国际竞争,着力提高国有资本控制力、影响力。国有资本运营公司则主要以提升国有资本运营效率、提高国有资本回报为目标,以财务性持股为主,通过股权运作、基金投资、培育孵化、价值管理、有序进退等方式,盘活国有资产存量,引导和带动社会资本共同发展,实现国有资本合理流动和保值增值。

但在实际运作中,国有资本投资公司和国有资本运营公司的业务往往相互交叉融合、无法完全分割。因此,本书以国有资本平台来统称国有资本投资运营平台。

第二节　国有资本平台产生的背景溯源和政策脉络

一、国有资本平台产生的背景溯源

国有资本平台的产生背景与中国国有企业改革密切相关。在改革开放初期，中国国有企业主要采取"国营企业"的形式，即国家拥有并经营企业。随着市场经济的发展和改革开放的深入，中国开始了对国有企业的改革。长期以来，国有资本分布较为分散，运营效率较为低下。虽然我国建立了国有资产统一监管体制，但国有资本相对固化的局面尚未从根本上打破。一方面部分国企结构调整所需资金筹集困难，过度依赖债务融资，财务负担沉重，在满足国家急需投入的领域难以迅速投入；另一方面巨额国有资本却处于闲置状态。同时，由于"政企不分"（政府既是出资人，又是监管者）以及"政资不分"（政府既是国有资本所有者，又是国有资本投资运营者）的现状存在，国有企业治理结构难以实现根本性改善，生产经营受外部市场波动影响较大。为此，我国亟需设立国有资本投资及运营公司，对现有的国有资本进一步统一筹划，将闲置的国有资本有效利用，将运营效率不高的资本投入到回报更高的领域，提高国有资本整体运营效率和效益，加快国有经济布局调整。国有资本需有进有退，配合国家战略需求，资本和融资有效结合，以投资手段促进国有资本合理流动、优化配置。

因此，国有资本投资运营平台的产生原因包括以下五个方面：

一是提升国资国企核心功能和核心竞争力的需要。中国国有企业改革始于20世纪80年代，旨在通过改革国有企业的产权制度、经营机制和管理模式，提高国有企业的经营效益和竞争力。在这个过程中，国资国企必须在市场经济的汪洋大海中学会游泳，提升核心竞争力，守护党和人民托付的国有资产，确保其保值增值。当前国有企业经营所处的社会、经济、法制等外部环境发生了深刻的变化，具备从对国有企业管理过渡到对国有资本管理的外部条件。比如，国有企业所处的外部环境竞争日益充分，为国有资产的管理（从"管企业"到"管资本"）提供了市场基础。中国已经形成了较为完善的劳动、资本、土地等生产要素市场，人才市场、劳动力市场日渐完善，资产的定价机制日益科学，资本市场日益壮大，为国有资本运营提供了广阔的市场空间。营商环境不断优化,为各类企业公平竞争提供了较为良好的社会、经济和法制环境。

二是政府职能转变的需要。随着市场经济的发展,政府职能也在逐步转变。政府逐渐从直接管理企业转向通过市场机制来引导企业,这也为国有资本平台的产生提供了条件。

三是国有资本保值增值的需要。随着国有企业规模不断扩大和业务范围扩展,大量国有资产也急需合理运营并进行大量的资本运作,包括投资、收购、兼并等。国有资本平台可以发挥其专业优势,有效地推动这些资本运作。

四是优化国有资产配置的需要。通过对国有资产的优化配置,国有资本平台可以提高国有资产的回报率,实现国有资产的保值增值。因此,国有资本平台的设立不仅是国资管理形态的变化、授权机制的变化,而且从根本上还是国家战略的重大变化,对各种错配资源的流动和配置进行主导,促进全域国资经营及全域资产证券化。

五是深化国资监管的需要。以国资委监管为主的国有资产管理体制运行近20年,促进了国有企业不断发展壮大,实现了国有资产的保值增值,但国资委直接持有国有企业的股份,作为国有企业的股东参与市场活动,极易导致政企不分、政资不分。同时,国资委管资产与管人、管事相结合的管理方式,对国有企业管得过细、干预过多,极易束缚国有企业活力,也可能产生腐败。深化国有资产管理体制改革迫在眉睫,急需突破。国有资本平台是介于政府国有资产监管部门与实体企业之间的桥梁,有利于突破监管瓶颈,更好完善中国特色国有企业现代公司治理。

二、国有资本平台的政策脉络

经过多年发展,中国搭建国有资本平台从最初的基本理念到如何组建,如何处理国有资产监督部门和国有资本平台关系,最后到国有资本平台的功能定位、治理结构和运行模式等,"施工图"越来越具体。

(一)国有资本平台政策的早期发展

党的十八大以来,中国国资国企改革全面深化推进。2013年11月,党的十八届三中全会通过《中共中央关于全面深化改革若干重大问题的决定》,提出了60项共计36条改革内容,首次提出"国有资本投资、运营公司"概念,为国有资产管理体制改革定下"管资本"导向。其中,首次提出将"改革国有资本授权经营体制,组建若干国有资本运营公司,支持有条件的国有企业改组为国有资本投资公司",并说明了改组和组建国有资本投资公司和运营公司的主要目的:一是"以管资本为主"完善国资监管方式;二是加快国有经济布局结构调整,避免重复建设、恶性竞争,切实提高资源配置效率;三是重塑有效的企业运营架构,促进国有企业进一步转换机制。

(二)国有资本平台政策的规范发展

进入21世纪,随着国有企业改革的深入推进,国有资本平台的发展逐步规范化。这一阶段,国家出台了一系列政策法规,明确了国有资本投资、运营公司的定位、职责和运作方式。同时,通过重组、改制等方式,推动了一批大型国有企业集团转型为国有资本投资、运营公司。2015年8月,被视为此轮国企改革"顶层设计"的纲领性文件《关于深化国有企业改革的指导意见》(即22号文)出台,进一步提出国有资本投资公司和运营公司的运营模式:发挥国有资本投资公司和运营公司的作用,通过开展投资融资、产业培育、资本整合,推动产业集聚和转型升级,优化国有资本布局结构;通过股权运作、价值管理、有序进退,促进国有资本合理流动,实现保值增值。随后,出台了22个配套文件,从总体要求到分类改革、完善现代企业制度和国资管理体制、发展混合所有制经济、强化监督防止国有资产流失等方面,提出了国企改革的目标和举措,形成了"1+N"的政策体系。2015年10月,22号文的配套文件《关于改革和完善国有资产管理体制的若干意见》进一步明确了改组组建国有资本投资公司和运营公司的具体路径:(1)国有资本运营公司:通过划拨现有商业类国有企业的国有股权,以及国有资本经营预算注资组建,以提升国有资本运营效率、提高国有资本回报为主要目标,通过股权运作、价值管理、有序进退等方式,促进国有资本合理流动,实现保值增值;(2)国有资本投资公司:通过选择具备一定条件的国有独资企业集团改组设立,以服务国家战略、提升产业竞争力为主要目标,在关系国家安全、国民经济命脉的重要行业和关键领域,通过开展投资融资、产业培育和资本整合等,推动产业集聚和转型升级,优化国有资本布局结构。

(三)国有资本平台政策的创新发展

2018年7月,国务院印发《关于推进国有资本投资、运营公司改革试点的实施意见》(国发〔2018〕23号),明确了"两类公司"的功能定位、组建方式、授权机制、治理结构、运行模式以及监督与约束机制等。2019年4月,国务院印发《改革国有资本授权经营体制方案》(国发〔2019〕9号),进一步强调了"两类公司"的功能和定位,并对通过"两类公司"开展授权放权等方面提出了新要求。2020年6月,中央全面深化改革委员会通过了《国企改革三年行动方案(2020—2022年)》,深化国有资产监管体制改革作为重要内容。2022年,党的二十大报告指出,要"深化国资国企改革,推动国有资本和国有企业做强做优做大,提升企业核心竞争力;完善中国特色现代企业制度,弘扬企业家精神,加快建设世界一流企业"。2023年,国务院国资委进一步谋划实施新一轮国企改革深化提升行动,主要聚焦在提高国有企业核心竞争力,发挥国有企业核心功能和完善中国特色国有企业现代公司治理等重点工作。

第二章　国有资本平台的发展历程

党的二十大报告明确提出,要"深化国资国企改革,加快国有经济布局优化和结构调整,推动国有资本和国有企业做强做优做大,提升企业核心竞争力"。推进国有资本平台高质量发展与数字化转型不仅是探索国资监管从管企业加快向管资本转变的使命担当,还是加快国有经济布局优化和结构调整,更好支持国家高水平科技自立自强的题中应有之义。

第一节　国有资本平台的发展阶段

国有资本平台的发展历程可以大致分为以下几个阶段:

起步阶段(2014—2017年):2013年的中共十八届三中全会提出改革国有资本授权经营体制,以管资本为主加强国有资产监管,国有资本投资、运营公司的概念应运而生。之后,国有资本投资公司试点改革全面启航,2014年中粮集团和国开投成为首批试点,2016年又新增招商局、中国五矿等6家央企。在各家试点企业中,各自根据实际情况展开相关改革。2015年,国企改革顶层设计文件《关于深化国有企业改革的指导意见》,对国有资本投资公司战略位置进行了清晰界定,那就是"授权经营的出资人",以及"产业发展的投资人""市场化运作专业平台"等。2016年,中国国新和中国诚通两家直属国务院国资委的国有资本运营公司改组组建,先行开展了关于国有资本运营公司改革的探索,为后续深化改革奠定了基础。

发展阶段(2018—2021年):2018年《关于推进国有资本投资、运营公司改革试点的实施意见》,2019年《关于印发改革国有资本授权经营体制方案的通知》,作为这一阶段改革的纲领性文件,明确了国有资本投资公司改革的方法论、国资监管系统授权放权的原则机制等,标志改革开始从局部试点总结经验,走向系统模式健全成熟。从2018年开始,全国国有资本平台改革进入试点加速扩大的新时期。2018年12月,航空工业集团、华润集团等11家中央企业成为第三批国有资本投资公司试点单位,数量规模明显加大。据不完全统计,在各省份,有140家企业开展了国有资本投资、运营公司试点。在全国范围内,国有资本平台区别于传统产业集团,形成了一个独特的改革主题。

成熟阶段(2022年至今):2022年6月,《关于国有资本投资公司改革有关事项的通知》,将之前入选的央企国有资本投资公司试点企业进行重新分类,5家成熟的进行转正,12家继续试点深化改革。中国宝武、国投集团、招商局、华润集团、中国建材开始进入国有资本投资公司的正式稳定运行阶段。这5家央企集团创造的国有资本投资公司经验做法,正在成为本领域改革的成熟模式,推动国资国企改革进一步深化发展。

总体来说,国有资本投资、运营公司的发展历程与中国国有企业改革和发展的历程紧密相关。随着市场经济的深入发展和国有企业改革的不断推进,国有资本投资、运营公司的地位和作用也将日益凸显。

在国资监管体系向"管资本"转变逻辑下形成的国有资本投资公司和运营公司,到2023年,一共走过了10个关键春秋。时间虽然不长,但已经历了起步、扩容、成熟3个明显阶段。第一阶段是起步阶段(2014—2017年),第二阶段是发展阶段(2018—2021年),第三阶段是成熟阶段(2022年至今)。2021年7月,深化国有资本投资公司改革推进会召开,会议指出要实现"五个聚焦",聚焦构建新发展格局,聚焦打造一流总部,聚焦发挥产业引领作用,聚焦市场化改革,聚焦提升管理效能对标一流。此次会议对于过去多年的国有资本投资公司试点经验进行了总结,勾画了成熟运行国有资本投资公司的清晰画像。

第二节 中国地方国有资本平台的实践探索和有益经验

一、地方国有资本平台的实践探索

中共十八届三中全会以来,从中央到地方,陆续展开继国有资本投资运营平台试点工作。2014年7月宣布中粮集团和国投公司为国有资本投资公司试点企业后,国务院国资委在2016年2月宣布诚通集团、中国国新两家为国有资本运营公司试点企业;紧接着,2016年7月又宣布新增7家国有资本投资公司试点企业,包括神华集团、宝钢、武钢、中国五矿、招商局集团、中交集团和保利集团。目前已公布的国有资本投资公司和运营公司试点的央企达到21家。地方国资也正在积极部署国有资本投资公司和运营公司的试点。据称,目前已经公布的中央和地方的国有资本投资公司和运营公司试点企业超过了100家。

近年来,各省份纷纷组建省级国有资本运营公司,开始新一轮国企改革的探索尝试。

从组建方式来看,改组组建是大多数省级国有资本运营公司选择的模式,具体操作方法包括合并重组、吸收改组、直接改组等。一般那些具备较为突出的资本运作和资产管理能力的企业被选中组建,组建往往产生协同效应,具备规模更大、市场化程度更高、产业更好发挥协同性等优点;少数省级国有资本运营公司由新设而成,新设的优点在于没有历史遗留问题、人员简单等。从设立数量上看,据统计,截至2022年7月底,全国已有32家省级国资委改组组建了超150家国有资本投资运营公司,其中国有资本投资公司(含投资运营公司)约100家,占地方国有企业集团数量不足8%。从设立类型上看,地方"两类公司"试点分为两种情况:一种为单一型的国有资本两类公司,即国有资本投资、运营公司分开设立,另一种为混合型的国有资本两类公司,即国有资本投资运营公司。地方"两类公司"功能定位以纯粹型居多,但混合型的国有资本运营公司占比仍超1/3。从地区分布来看,113家省属"两类公司"由于各地方国企情况各异、地方国资部门在相关政策上的理解与执行进度不同,不同地区间的"两类公司"数量差异较大,例如山东"两类公司"多达13家,山西、天津也各拥有7家,而陕西、贵州、内蒙古、西藏仅各拥有1家。总体上,东部地区试点企业已经开展实质性运作,推进速度较快;中西部的一些地方还处于改组、组建阶段(见表2-1)。

表2-1　　　　　　　部分国有资本运营、投资的实践比较

类别	国有资本运营公司	国有资本投资公司
中央企业	代表性企业:中国国新、中国诚通 功能定位:打造市场化运作国有资本的专业平台,强化股权投融资、资产管理、资本运作等功能,服务国家供给侧结构性改革和国企转型升级 运作特点:"资金、资产、资本"三种形态转化的运营方式	代表性企业:国投、神华集团、中国五矿、宝武集团、航空工业集团、国家电投、国机集团、中铝集团、中国远洋海运、通用技术集团、华润集团、中国建材、新兴际华集团、中广核、南光集团等 功能定位:服务国家和地方战略,发挥国有资本的带动力,优化国有资本的结构,提高产业的竞争力 运作特点:股权投资和基金投资"双轮驱动"的发展模式

续表

类别	国有资本运营公司	国有资本投资公司
山东省企业	代表性企业：山东国投 功能定位：战略投资于不同产业，做产业投资的引领者、企业价值的管理者、新动能的注入者 运作特点：立足实业运营，依靠金融服务、资产运营，以资本运作为核心，资本运营驱动	代表性企业：鲁信集团、鲁商集团、山钢集团、齐鲁交通集团等 功能定位：贯彻落实省委、省政府战略部署，促进全省经济发展、创新驱动，主要依靠金融投资和资产管理，兼顾投资基础设施和战略性新兴产业，目标为成立项目融资和投资理财综合解决方案的提供商。 运作特点：涉及金融资产投资、不良资产处置、私募股权投资、投资运营基础设施和能源产业、其他部分实体产业。
陕西省企业	代表性企业：陕西金控 功能定位：聚焦省内支柱产业、三个经济、服务实体经济发展、孵育、开拓和运营和谐金融生态圈，加快布局金融全牌照。 运作特点：聚焦打造金融生态圈，力争早日建成区域内一流的"全牌照金融平台"；形成基金投资、金融服务、交易要素健全的三大业务板块，涵盖产业投资、基金投资、金融服务、融资担保等六大支柱板块，为陕西省中小企业发展提供金融支持，发挥运营公司平台作用的规模效应和协同作用	代表性企业：陕投集团 功能定位：通过资本引导产业投资、结构优化、助推区域良性发展 运作特点：实施金融与实业并重的驱动战略，强化产业投资与资本运营，实现资产化相关资源、资本化相关资产、证券化相关资本的"三化"目标。打造以能源为主，服务化工等业务的实业板块；以证券、信托为主体，基金、融资租赁等为补充的金融板块，努力成为具备综合金融功能的"供应商"，实现金融全牌照；在母子公司管控模式方面，采取"集团战略管控、各板块专业经营"的运营机制，打造了"集团总部—板块公司—专业公司"三级管理架构；授权经营方面逐批实施授权
重庆市企业	代表性企业：渝富集团 功能定位：助推产业集团转型升级、推动国有资本布局优化、服务国企国资改革。做好投资战略性新兴产业、持股金融股权、市场化运作国有资本的专业化平台 运作特点：持股30余家战略性新兴产业、金融、类金融和其他具有投资价值领域的企业。组建母基金，发起设立27只市场化子基金。用手投票，做好股权价值提升工作，制定有序进退机制，确保国有资本的合理流动；探索上市体系与非上市体系"一二级市场协同"退出的机制，通过多层次资本市场推动国有资本流动。	代表性企业：重庆机电集团、市农业投资集团 功能定位：打造领先的全市产业发展和战略性新兴产业投资平台，投资现代制造业，聚焦智能装备、电子信息、轨道交通方向的产业投资。承担助推国有企业体制机制创新、供给侧结构性改革、带领重庆装备制造产业发展壮大等重要使命。 运作特点：承担重庆市"十四五"期间国有工业投资、制造业投资的重要任务，优化调整重庆市资本布局和产业结构，致力打造包括交通装备、高端装备、电子信息、装备零部件及产业金融在内"4+1"的产业结构分布。谋求已投资项目的发展，培育优势产业的同时，重点培养2—5个战略性新兴产业核心企业。优化母子公司管控方面，打造了"集团总部'管资本'+一级子公司'管资产'+二级子公司'管经营'"的三级管控体系

资料来源：笔者根据公开资料整理。

二、地方国有资本平台的有益经验

从运行较顺畅的地方国有资本投资运营平台看,主要有以下经验:

(一) 统筹整合投资布局

部分省份为了统筹资本合力,聚焦重点投资领域,纷纷加大了多个基金的整合力度。2023年以来,杭州致力于打造总规模超3000亿元的"3+N"杭州基金集群,对投资阶段、投资规模、投资主体、投资方向、整合路径上做了较为清晰的定位(见表2-2),具有一定参考价值。香港正在推进香港投资管理有限公司的筹建运营工作,也是出于更好统筹财政资金实力,提高资金投资运营效率,把"香港增长组合""大湾区投资基金"和"策略性创科基金",以及为吸引重点企业来港落户而新成立的"共同投资基金"归一收纳管理。

表2-2　　杭州"3+N"基金集群投资布局一览表

投资阶段	投资规模	投资主体	整合路径	投资方向
初创期	1000亿元	管理主体为杭州市国有资本投资运营有限公司,具体执行主体为杭州市科创集团有限公司	升级杭州科创基金,整合科技成果转化基金、天使引导基金、创投引导基金、跨境引导基金和投发基金等	关注初创期企业,以"投早、投小、投科"为主,投资阶段包含天使投资AI、创业投资VC,重点为杭州市人才创业、中小企业创新、专精特新企业发展、科技成果转化提供政策性投融资服务
成长期	1000亿元	管理主体为杭州市国有资本投资运营有限公司,具体执行主体为杭州产业投资有限公司	成立杭州创新基金,吸收整合原战略性新兴产业基金	战略性新兴产业投资,投资阶段以成长期私募股权投资(PE)为主,重点支持杭州五大产业生态圈规模化发展
成熟期	1000亿元	GP为杭州市金融投资集团有限公司,具体执行主体为杭州市投资控股有限公司	主打杭州并购基金,整合产业发展投资基金、信息经济投资基金和稳健发展基金等	定位为市场化的国资并购基金,投资方向为金融、金融科技、产业并购、重大项目协同投资,投资阶段以成熟期的产业并购为主,重点支持杭州五大产业生态圈开展以补链、强链、拓链为目标的产业并购与协同投资

资料来源:笔者根据公开资料整理。

(二) 加大股权运作力度

部分省份为了国有资本投资运营平台破解发展难题,不断丰富资本运作工具。如北京国管大力整合全球高端优质资源,与凯雷、摩根大通、高盛等世界顶尖金融机构及中信产业资本等国内知名投资机构进行合作,共同发起设立多只基金;同时,依托母基金、PE 基金、VC 基金管理经验,对大型国企集团开展全产业链资本运作。广东恒健通过 Pre-IPO、基石投资、战略配售、定向增发等资本运营方式和专业金融服务手段,实现"引资引产引智"协同发展。

(三) 增强金融服务功能

部分省份为了国有资本投资运营平台业务健康发展,纷纷划入银行、券商、产权交易所、资管等金融或类金融企业,增强金融功能。如四川发展出资设立的省级金融控股集团,拥有凉山州商业银行股份有限公司、西南联合产权交易所有限责任公司、川财证券有限责任公司等 9 家金融或类金融类公司,建成以银行、信托、证券、保险为核心,以融资和金融租赁、担保、资产管理、产权交易、再担保、互联网金融、基金等小微和准金融要素市场为一体,"大规模、全牌照、多层次、多功能"金融服务体系。

第三章　国有资本平台高质量发展的内涵、特征与国际借鉴

第一节　国有资本平台高质量发展的内涵

一、高质量发展的内涵

"高质量发展"是具有中国特色的研究领域,是新时代中国经济鲜明的特征(洪银兴,2019)。党的十九大报告首次提出"高质量发展",制造业高质量发展作为高质量发展的核心组成部分,其内涵、沿革、机制、路径等成为中国学术领域的研究热点,国外学者对此展开研究较为鲜见。但正如金碚(2018)所指出的,经济学面临将"高质量"作为核心概念置于重大政策意涵表达之中的挑战,并且由于研究开展时间较短,目前学界对制造业高质量发展的概念内涵、涵盖范围等还未形成统一共识。

二、对国有资本平台高质量发展的界定

自从 2017 年党的十九大报告做出"中国经济已由高速增长阶段转向高质量发展阶段"这个划时代判断以来,中国学者对"高质量发展"进行了深刻而广泛的讨论和研究。对于高质量发展的内涵方面,学者们主要从以下几个视角开展研究:从经济社会质态演变视角,金碚(2018)认为,进入新的发展阶段,由于经济社会质态的变化,发展的质量要求也会提高,高质量发展在当前经济社会发展语境下,可阐释为是能够更好满足人民不断增长的真实需要的经济发展方式、结构和动力状态。相似地,任保平和李禹墨(2018)认为,高质量发展是在经济发展到一定阶段自发产生的结果,伴随新旧动能转换和经济结构优

化等动态变化对社会经济发展提出的更高要求,是包括经济发展、改革开放、城乡建设、生态环境以及人民生活在内的发展体系。彭五堂和余斌(2019)认为,人类社会发展由低向高的进步过程是社会发展的一般性规律,而生产力发展和技术进步会引发并加速社会形态的阶段性变化。从系统论视角,刘志彪(2018)指出,高质量发展是国民经济系统从量到质的本质性演变,是由系统中的许多因素共同作用、综合推动的发展结果,必须通过强化该系统中具有相互关系和内在联系的各个环节、各个层面、各个领域的交互作用,推进这个有机整体的升级和跃进。周振华(2018)指出,高质量发展是通过社会再生产过程中的创新型生产、高效性流通、公平公正分配、成熟消费之间高度协同来提高全要素生产率,从而实现经济内生性、生态性和可持续的有机发展。李伟(2018)则认为高质量发展是高质量的供给、需求、配置、投入产出、收入分配和经济循环。洪银兴(2019)指出,高质量发展强调经济、社会和生态等三类系统效益相结合,是达到人和经济社会自然协调共生的包容性增长。从政治经济学视角,周文和李思思(2019)指出,经济高质量发展包括生产力的提高(科学技术创新、结构协调、绿色发展以及人的全面发展)和生产关系的调整(基本经济制度、政府与市场关系、收入分配体制改革等)两个方面。苗勃然和周文(2021)指出,经济高质量发展是重视产业结构优化、速度与质量并重、重视实体经济和高层次开放型经济的发展。从五大新发展理念视角,林兆木(2018)认为资源配置高效率、生产要素低投入、生态环保意识大提升、社会经济效益常双赢是高质量发展的重要标志。张宵(2019)也从创新、协调、绿色、开放、共享的新发展理念出发,对高质量发展进行了界定。林毅夫(2018)则认为,提升创新驱动、加快供需协调、绿色环保融入生活、国际国内市场高水平开放以及人民共享发展成果是高质量发展的题中应有之义。

在此基础上,国内学者自2018年开始,聚焦探索国资国企的高质量发展,认为国资国企高质量发展是经济高质量发展的重要依托,实现高质量发展是中国经济社会发展的要求和必然选择。张志元(2020)认为,通过质量变革、效率变革、动力变革,促进制造业全要素生产率提高,是国资国企高质量发展的核心要义。因此,本文认为国有资本平台高质量发展是国有资本资源要素配置效率和增长规模效率提升相结合的发展模式,聚焦国有资本投资运营质量第一、效益优先,统筹量的合理增长和质的稳步提升,推动国有资本进一步向关系国家安全、国民经济命脉的重要行业集中,向提供公共服务、应急能力建设和公益性等关系国计民生的重要行业集中,向前瞻性战略性新兴产业集中,当好"长期资本""耐心资本""战略资本"。

第二节 国有资本平台高质量发展的特征与方向

综合中国高质量发展的阶段性需求,以及中央和地方国资委的发展要求,国有资本平台高质量发展的特征应主要包括以下几个方面:

一是战略引领。国有资本平台应制定清晰的发展战略,明确自身的使命、愿景和价值观,并根据国家战略和市场需求,进行投资决策和资本运作。发展战略要具有前瞻性和可操作性,能够指导企业的经营活动,实现可持续发展。

二是创新驱动。国有资本平台要注重科技创新和人才培养,提高技术水平和研发能力,推动产品和服务的升级换代。同时,国有资本平台要积极探索新的投资领域和商业模式,实现产业升级和转型升级。

三是资本配置。国有资本平台要具备高效的资本运作能力,通过对国有资产的优化配置,提高国有资产的回报率,实现国有资产的保值增值。资本运作要遵循市场规律和法律法规,注重风险控制和合规经营。

四是责任担当。国有资本平台要积极履行社会责任,关注生态环境保护、公益事业和可持续发展等方面。在投资和经营活动中,国有资本平台要注重对环境的保护和资源的利用,实现经济发展和环境效益的双赢。

五是治理标杆。国有资本平台要按照市场化的原则进行运作,建立现代企业制度,完善公司治理结构,提高企业的治理水平和经营效率。

六是国际视野。国有资本平台要具备国际视野,关注全球市场和行业动态,积极拓展海外业务;在投资和合作中,要注重与国际接轨,遵守国际规则和惯例,推动国有企业的国际化发展。

基于此,国有资本平台高质量发展主要聚焦以下几个方向:

一是聚焦科技创新,推动产业链、供应链自主可控。国有企业在整合集聚创新资源、提供新技术迭代与应用环境等方面有基础优势,在攻克关键核心技术、实现原始创新领域重大科技突破、塑造大国竞争领先优势中具有基础性、主导性作用。国有资本平台可通过基金投资、直接投资、股权运作等多手段,加大力度布局前瞻性战略性新兴产业,持续在集成电路、工业母机、新一代移动通信、工业软件、人工智能、生物技术、新能源、新能源汽车、新材料、航空航天技术等领域增加投资并增强培育孵化功能,开展"资本、产业、技术、生态、改革"全周期赋能,助力国有企业补齐产业链供应链短板,打造原创技术"策源地"。

二是聚焦重组整合,推动国有资本布局优化结构调整。国有企业战略性重组和专业化整合是适应市场经济要求,提升国有企业竞争力的必然选择,有利于解决国企之间的同质化竞争、重复建设等问题,推动国有企业进一步提升国有资本配置效率、优化国有经济布局结构。国有资本平台要响应国家战略,以市场化、专业化方式积极参与支持新国有企业组建、股权多元化改革、战略性重组、专业化整合,助力国企间及国企内部开展横向、纵向并购,形成主业更突出、核心竞争力更强的业务格局。

三是聚焦主责主业,推动国有资本保值增值。当前,一些长期制约国有企业发展的体制机制弊端尚未彻底破除。国有资本平台肩负为党理财、资本报国、助力实业的使命,要紧紧聚焦主责主业,以市场化、专业化方式积极支持国资国企改革发展,为振兴实体经济注入活力、动力,助力提升国有企业治理水平和核心竞争力,实现国有资本保值增值。

第三节 国有资本平台高质量发展的国际借鉴

一、新加坡淡马锡高质量发展借鉴

新加坡淡马锡实质上是新加坡政府100%控股的国有资本平台,运行多年且收益良好,具有一定学习参考价值。

(一)淡马锡简介

淡马锡正式成立于1974年,新加坡政府拥有排他性所有权和收益权。淡马锡的建立是新加坡政府实行的一项重大改革,旨在分离社会治理职能与企业管理职能,提高国有企业市场竞争力。当年,淡马锡从新加坡财政部手中接管由36家企业组成的投资组合。成立初期,淡马锡旗下公司以传统产业为主,新加坡政府寄望淡马锡及其投资的企业能成为保障民生、促进就业、资产增值,以及参与国际竞争的工具和载体。此后,淡马锡逐步向金融服务、消费与房地产、生命科学等领域扩张。淡马锡投资的"淡联企业",一度分为重要资源和公共服务企业、有潜在的国际竞争力的企业、其他精简整合的企业等不同的类型,以区分企业是否重要,以及是否予以出售。对于重要资源和公共服务企业,淡马锡一般会采取控股的方式,以确保国家经济安全和政府政策的执行。

(二)治理架构

淡马锡是一家在《新加坡公司法》和《新加坡宪法》的框架下运营的商业投资公司。淡马锡的治理架构强调实质重于形式,长期利益高于短期利益,并把机构置于个人之上。这一架构形成了责任机制,在授权与合规之间取得稳健平衡。淡马锡的董事会和管理层确保淡马锡遵守投资或运营所在地的法律与法规。

淡马锡由新加坡财政部全资控股。新加坡财政部仅通过任命董事、审阅年报、不定期研讨公司绩效计划等方式进行管控,不干预淡马锡内部管理。对于淡马锡的子公司,淡马锡直接控股、持股。超50%直属子公司由该公司董事会负责决策、管理经营活动,淡马锡仅通过委派子公司董事会成员等方式进行监控;三级/多级子公司则与淡马锡脱钩,由直属子公司进行逐级产权管理,完全按市场化规则运营,与私营企业无异。相关情况如下图所示。

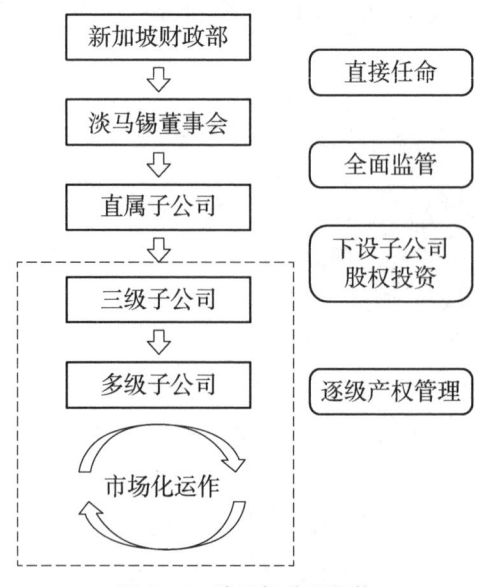

图3-1 淡马锡治理架构
资料来源:笔者根据公开资料绘制。

在组织架构方面,淡马锡董事会职权划分清晰合理、组成多元化,截至2023年3月31日,淡马锡的董事会由来自世界各地的13名董事组成,每位成员博学多才、经验丰富。多数董事(85%)为非执行独立董事,是来自私营部门的商界领袖。董事会在面临政府干预时能保持一定独立性。淡马锡的董事会为管理层提供全面指导和政策指引。董事会按商业模式运作,鉴于淡马锡是《新加坡宪法》第五附表机构,董事会成员和首席执行长肩负保护淡马锡过去所累积的储备金的额外宪法责任。淡马锡董事会中没有政府提名的成员。董事会每季度召开一次为期两天的会议。董事会在必要时会增开会议,例如对大额投资进行审议。在监督机制方面,董事会内部相互制衡,外部受到法律、总统、政府、社会四重监督,在保证监管效果前提下一定程度削弱政府干预强度,提升管理效率。在经营理念方面,淡马锡董事会以实现投资公司利益最大化为根本治理目标,倡导"商业至上"。在商业原则方面,作为积极活跃的投资者和资产所有者,淡马锡在董事会的指导下依据商业考量及灵活性来管理投资组合。在与新加坡总统和股东的关系方面,依据新加坡宪法及法律的规定,除非关系到淡马锡过去储备金的保护,否则新加坡共和国总统或作为淡马锡股东代表的新加坡财政部部长均不参与或指导淡马锡的投资战略、投资决策或其他商业决策。在与投资组合公司的关系方面,作为积极的股东,淡马锡期望投资组合推行健全的公司治理,包括建立由商业经验丰富的高水平、多元化人才所组成的董事会,以指导和辅助高级管理层,淡马锡不参与其业务决策与运营。

(三) 资本运营

淡马锡相对独立地开展国有资本运营和国有资本经营预算。作为独立注册的新加坡公司,淡马锡的资本运营不太受政府其他财政出资项目的影响,形成了相对独立的闭环运行和防火墙。除了新加坡财政部在早期的资产划拨,淡马锡的自有资金主要来自既有投资的股息回报、净投资回报、商业票据发行等,而不是财政渠道的资金。除了自有资金,作为非上市公司,淡马锡凭借累积的商业信用(而不是凭借政府信用担保)在资本市场发行债券来融资。淡马锡发行的债券多次被穆迪、标准普尔等国际评级公司评定为AAA级债券。即使"淡联企业"面临发展困难,淡马锡也可以依靠自有资产和信用帮助企业,而不必全然依赖政府的资金。2020—2021年,淡马锡通过注资新加坡航空等多种方式,帮助企业渡过难关。需要强调的是,新加坡法治体系和行政体系在允许淡马锡独立运营的同时,也给予淡马锡相对独立的资本经营预算空间,允许其与财政资金分别开展预算。在缴税、保留利润再投资、留存储备金的同时,淡马锡在内的国有企业每年向新加坡财政部上缴相应的红利(即给股东的投资回报)。

资本运营以同质资本为主,异质资本为辅。淡马锡的资本运营越来越演变为对同质资本的运营,而不是异质资本。即作为运营对象的资本本身的差异较小或者产业技术等方面的差异没有被考虑,对该项投资的评估主要是财务指标。

(四) 投资管理

在20世纪90年代,尤其是进入21世纪之后,以淡马锡为代表的新加坡企业加快了向国际市场投资布局。淡马锡于2009年修改了《淡马锡宪章》关于为政府管理投资、服务国家利益之类的表述,进一步明确了其财务投资者和按照商业准则运营的定位,在公司内部大力推行"价值管理"的理念和做法,将为投资者和股东提供价值置于公司战略的重要位置。

从运营情况来看,近年来,淡马锡的境外投资的规模已经远远大于其境内投资的规模。淡马锡的境外投资的运营更多是基于财务投资而非战略投资,即使新加坡境内的投资运营也是侧重财务投资的。截至2023年3月31日,淡马锡的投资组合净值为2870亿美元,20年期股东回报率为9%。

从具体的投资获利模式来看,淡马锡越来越倾向于扮演全球范围配置资源投资者角色,投资的主要目的是高买低卖股权、获取财务收益而非具体的生产和服务,投资的主要标准是盈利性。其投资期限无法像产业资本一样侧重长期,投资能否获利严重依赖于被投资的股权项目,尤其是境外投资项目本身的收益情况,投资风险和波动也较大。

在投资组合方面,淡马锡专注于塑造能够抵御外部冲击、穿越市场周期并实现良好表现的投资组合。同时,淡马锡致力于把握具备潜能的增长机会,获得高于经风险调整后资金成本的长期可持续回报。投资组合大致分为两类投资:一类是长期持有的韧性资产,提供稳定而可持续的回报,或以股息收入的形式提供流动性;另一类是持有时间相对较短的动态投资,循环收回的资金会用于投资更具增长价值的机会,获得更高回报。

具体而言,淡马锡通过三大增长引擎,助力构建具有韧性和前瞻性的投资组合。一是投资引擎:实现长期可持续的回报。截至2023年3月31日,该项引擎占投资组合的86%,一部分是新加坡投资组合(40%),拥有合计约1450亿新元的收入。这些投资组合企业一直是淡马锡总体投资组合实现可持续回报的中坚力量。另一部分是以成长型股权为主的全球直接投资(46%)。这些企业具有成为市场佼佼者,并在全球范围内竞争的潜能。这部分投资还包括在总体投资组合中占比不到6%的早期投资。早期投资促进创新,并让淡马锡及时掌握新兴科技和商业模式。二是合作伙伴引擎:通过伙伴关系,扩大资本规模。截至2023年3月31日,该项引擎占投资组合的10%,其中包括管理790亿新元资产的平台,主要提供私募股权、私募信贷、公开市场投资和资金解决方案等产品,并与LeapFrog Investments和Emerald Technology Ventures等机构合作形成的其他伙伴关系。三是发掘和建设面向未来的能力引擎。截至2023年3月31日,该组合占投资组合的4%,包括由淡马锡的企业发展事业部、淡马锡运营系统和新兴科技投资团队所驱动的投资,聚焦于前沿创新成果,涵盖计算和认知能力、深度科技及可持续能源解决方案等领域。

淡马锡在获取投资收益的同时,定期向政府股东上缴红利。在投资收益分配方面,淡马锡的净投资回报的上缴比例近年来不断提高(最高达50%),上缴给新加坡财政部的净投资回报被用于政府的预算支出。与此同时,淡马锡要留存相应的储备金。储备金的留存与上缴新加坡财政部的投资红利是分开的。2009年起,新加坡财政部基于国家储备净投资回报贡献(Net Investment Returns Contribution,简称NIRC)向淡马锡、新加坡金融管理局、新加坡政府投资公司收取投资回报。这样的制度安排使得国有资本收益能够在国家财政运转中发挥更大的作用,当代和后代的新加坡公民都将极大地受益于新加坡政府设计的国有资本收益分配机制。

二、瑞典国有资本和国有企业高质量发展借鉴

根据麦肯锡全球研究院2021年发布的《全球资产负债表》,通过建立国际资产负债表进行分析,分析结果显示,在2000年之前,全球财富总量的增长大体上是跟GDP增长保持一致的趋势。近20年来,虽然全球的GDP增长始终不温不火,但财富总量却实现了迅速扩张,财富和GDP之间形成了差距。报告显示,瑞典的总资产在近20年里增长了50%,其中20%都归政府所有。这让瑞典的净资产比例在报告中的10个国家中排第2,仅略低于中国。这份报告中,中国的国有资产数额相当于GDP的1.8倍,主要来自土地和国有企业;而瑞典的国有资产数额则相当于GDP的1.3倍,且负债比例常年保持低水平,国有资本显示出较高发展质量,其中的发展经验具有一定参考价值。

(一) 瑞典国资国企具有明确的功能定位

截至2021年底,瑞典国有资本投资组合包括38家全资企业和7家部分控股企业,总价值约为8200亿瑞典克朗。国有企业及其子公司总共雇用了约107 000人,如果将联营企业包括在内,则雇用了约134 000人。在国有企业中,有22家被议会赋予了特别的公共政策任务,这意味着它们产生的公共利益并不总是能够用财务表现来衡量。

国有企业代表着强大的品牌,在瑞典社会中扮演着重要的角色。有几家是从公共企业、政府机构内部的商业运作或国家垄断开始的。如今,它们中的大多数都在充分竞争的市场中运营,因此,要像私有企业一样,采取长期方针,高效和盈利,并被赋予发展的能力。这也意味着国有企业必须像私有企业一样遵守瑞典竞争法的规定。

瑞典议会要求政府以国有企业股份的形式积极管理国有资本,以使其价值表现和回报最大化,同时保持平衡的风险承担,并确保特别制定的公共政策任务执行良好。重要的是,国家是一个积极、专业的所有者,注重长期和可持续的价值创造。作为一个积极和专业的所有者,国家必须审查国家所有权继续存在的理由,并审查企业的各种任务和方向。许多企业的经营方向和公共政策任务证明,国家一直是一个重要的企业所有者。

(二) 瑞典国有资本平台与国企之间具有明晰的组织结构和授权机制

瑞典议会授权政府积极管理国有资本和国有企业,以确保尽可能最优的长期价值表现,并确保专门制定的公共政策得到良好落实。良好的公司治理对政府履行这一职责至关重要。

国家所有权政策规定了政府的任务和目标、适用框架以及与国有企业公司治理有关的重要原则问题。从2020年开始施行的国家所有权政策包括政府的公司治理原则、高级官员的薪酬和其他雇用条件以及对外报告原则。国有政策适用于所有国有占多数的企业。在其他企业中,即国家拥有少数股权的企业中,国家与其他所有者进行对话,以确保所有权政策得到实施。

瑞典政府的管理原则主要遵循经济合作与发展组织(简称"经合组织")《国有企业公司治理指引》。经合组织《国有企业公司治理指引》为作为所有者的国家和国有企业提供了一个可预测的框架,这意味着国家作为所有者的角色与其他方面的角色明确分开。瑞典参与了2005年原始《国有企业公司治理指引》和2015年修订版指引的起草。该准则是向政府提出建议,旨在确保国有企业高效、透明和负责任地运营,避免国家作为所有者过度干预或消极管理。

董事会负责企业的组织和事务管理。这意味着董事会负责制定企业的总体战略,包括可持续价值创造的战略目标,并做出其他重要的战略决策。国有企业的董事会必须拥有高水平的专业知识,能够很好地适应特定企业的业务、情况和未来挑战。

结构化董事会提名程序适用统一和共同的原则,以确保向企业董事会有效提供专业知识。主席在董事会中享有特殊地位。董事长负责确保董事会的工作井然有序且高效开展,但也有其他任务,如当企业面临特别重要的决策时,协调董事会与所有者的意见。主席负责保持与企业所有者的持续对话。

投资董事拥有与其他董事会董事相同的责任和任务,并且必须根据瑞典公司法着眼于企业的最大利益。董事会服务于让投资董事深入了解他们的企业、企业所处的市场以及企业面临的主要问题和挑战。投资董事的专业知识有助于投资团队对其企业的了解。投资董事的任务与其他董事相同。所有者与企业之间的正式对话是通过政治领导层与董事会主席之间对话进行的。作为董事会董事,投资董事除了为董事会服务的一般职责之外,还可以提供公司治理问题和国家所有权政策方面的知识,以及政府部门各种流程的知识。每位董事都有责任了解国家所有权政策的内容。

瑞典国有资本平台和国有企业的公司治理均建立在瑞典公司治理模式的基础上。这意味着,就公司法而言,国有企业的治理方式与私有企业相同,股东大会是其最高决策机构。这也意味着董事会负责企业的组织及其事务的管理,负责制定业务目标和战略,而企业的执行管理层负责处理其业务的管理。原则上,国有企业与私营企业、政府部门受同样的法律法规约束。如表3-1所示。

表3-1　　　　瑞典国有企业、上市公司、政府部门管理框架

主体	法律框架	操作和分配	最高决策机构
国有企业	瑞典公司法 国家所有制政策 发行人规则 瑞典公司治理准则	公司章程的运营条款 所有者说明	年度股东大会
上市公司	瑞典公司法 发行人规则 瑞典公司治理准则	公司章程的运营条款	年度股东大会

续表

主体	法律框架	操作和分配	最高决策机构
政府部门	政府机构条例 包含对特定机构指示的法令	拨款指示 政府关于转让的单独决定	机构负责人/董事会或管理委员会

资料来源:《瑞典国有企业年度报告 2021》。

(三) 瑞典政府对国资国企建立了有效管理和监督

瑞典企业和创新部部长负责国有企业的统一所有权政策,也是负责大多数企业的部长。工商业和创新部拥有一个从事公司治理和投资管理的专门机构,以确保国有企业投资组合的长期价值创造。投资管理组织由投资总监和公司分析、可持续业务、商业法和董事会招聘方面的专家组成。每个投资总监都在许多企业董事会任职,并领导与控股公司相关组织正在进行中的工作,他们同样作为投资团队的成员。投资管理组织的工作是在国家公司治理模式的框架内进行的,已经开发了许多工具和程序来实现积极和专业的管理。

目标和跟踪是瑞典政府作为企业所有者进行监督的重要工具,如图 3-2 所示。企业的发展是可以衡量的,因为它们的业绩是根据设定的目标定期跟踪的。如果企业没有达到目标,所有者可以要求企业制订行动计划。财务目标和公共政策目标由股东大会通过。财务目标使得衡量和跟踪企业的盈利能力、效率和风险水平成为可能。公共政策目标是为已经明确采用公共政策任

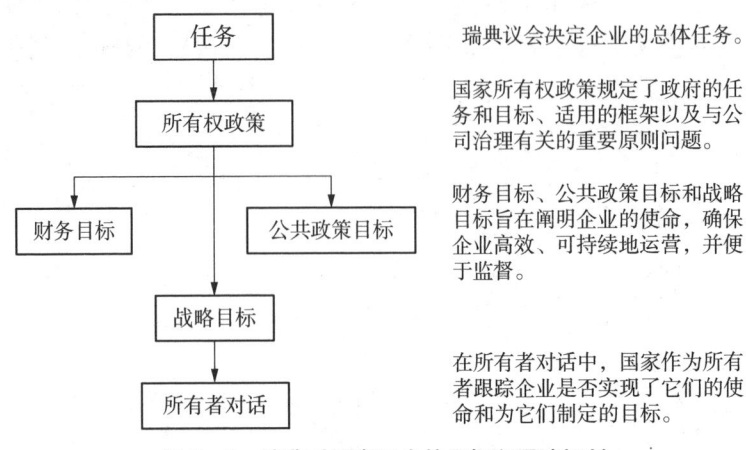

任务 → 瑞典议会决定企业的总体任务。

所有权政策 → 国家所有权政策规定了政府的任务和目标、适用的框架以及与公司治理有关的重要原则问题。

财务目标　公共政策目标 → 财务目标、公共政策目标和战略目标旨在阐明企业的使命,确保企业高效、可持续地运营,并便于监督。

战略目标

所有者对话 → 在所有者对话中,国家作为所有者跟踪企业是否实现了它们的使命和为它们制定的目标。

图 3-2　瑞典对国资国企的目标和跟踪机制
资料来源:《瑞典国有企业年度报告 2021》。

务的企业制定的,目的是能够评估它们的任务执行得如何。为了明确地将可持续业务整合到企业的业务战略和业务发展中,所有者已经指示企业董事会建立可持续价值创造的战略目标。所有目标的跟踪都在所有者的对话框架内进行。

企业和创新部对大多数国有企业负有行政责任。负有行政责任的其他部委还包括财政部、文化部、卫生和社会事务部以及外交部。相关部委的政治领导层定期与董事会主席和国有企业管理层举行所谓的"所有者对话"。在所有者对话中跟踪公共政策目标和财务目标,讨论与目标相关的结果,以及为实现目标而计划采取的行动。董事会制定的可持续价值创造的战略目标也会受到跟踪。在所有者对话中,还会讨论对企业运营有重要意义的现实问题。

瑞典国有企业的外部报告,包括年度报告、中期报告、公司治理报告、可持续发展报告和薪酬报告等,必须像在瑞典监管市场交易股票的上市有限公司一样透明。要求国有企业进行透明和专业的信息交流是为了保持公众和企业界对这些企业的信心。积极管理各种企业控股的目的是保持对企业经营的长期洞察力,并在现有基础上处理各种所有权问题。

第四章 国有资本平台数字化转型的内涵、特征与国际借鉴

第一节 数字化转型的内涵

数字经济蕴含巨大发展潜力,深刻改造着人类经济社会,由此带来的"数字化转型"议题已成为重要的研究领域。2000年,学者们已经注意到数字化对于生产组织及相关问题的影响。在微观层面,学者们注意到数字技术引入,导致企业战略蓝图、组织文化、业务流程、生产模式以及治理机制的全面转型,并形成新的外部数字生态系统(Cennamo 等,2020;Michela 等,2021)。在中观层面,学者们只注意到制造业数字化对产业的影响,比如对产业数字化转型展开了研究,肖旭和戚聿东(2019)聚焦产业的产量和效率,探讨了产业数字化转型下传统产业的业务升级;李北伟等(2022)在此基础上进一步指出,数字技术有助于克服产业和行业层面的数据壁垒,促进新产业、新业态及新商业模式的创造,其研究已经涉及产业组织问题。在宏观层面,Majchrzak 等(2016)认为,数字化转型利用数字技术促使社会和产业发生深刻变革;Imran 等(2021)指出数字化转型是通过利用先进的数字技术(技术系统)和组织实践(社会系统)相结合,实现经济和社会的重大变革。聚焦至本文重点讨论的制造业层面,马文秀和高周川(2021)指出,制造业数字化转型是在数字技术集群式创新突破并深度融入制造业背景下,在数据要素的价值创造作用下,对制造业各领域的全方位变革。张梦馨(2022)将制造业数字化转型概念概括为制造业通过各类数字化手段进行产业升级和优化的过程。尽管学者们在制造业数字化对产业发展影响方面做出诸多研究,但是对数字化是如何影响产业组织,在什么层面上影响,各层级之间的关系是什么的研究尚有所欠缺。

传统产业组织理论研究为保持理论的普适性,一般未在学术范式构架中加入技术因素。但数字经济推动全球产业技术格局发生根本性改变,特别是中国作为一个兼具较为完整和强大的工业体系和生产能力的发展中国家,其在数字技术的进步和经济规模的体量上,已经可以和发达国家媲美,甚至在部分领域赶超发达国家,有必要对制造业数字化转型对传统产业组织理论和政策带来的变化进行再认识(金碚,2022)。从广义上看,产业组织是各类生产要素在企业内部和企业之间的动态组合方式和活动(陈春和干春晖,2003)。因此,中国制造业的数字化转型,内含对产业组织价值创造、组织形态、市场关系等方面的重构。部分学者已经观察到这种变化,并从各自视角开展了早期研究。从驱动因素来看,学者们(戚聿东等,2020;余东华和李云汉,2021;何大安,2022;张文魁,2022)普遍认同数字技术创新是制造业数字化转型过程中产业组织重构的主要驱动力;李颖(2021)还提出企业内外部联结方式变化等微观因素在制造业数字化转型过程中也发挥了推动作用。从变化趋势来看,闫长坡(2020)提出组织边界区域模糊,趋于跨界式融合、开放式发展;李颖(2021)提出平台组织和生态系统将成为组织形态的主流;余东华和李云汉(2021)则提出竞争形态将从产品竞争和企业竞争向生态体系竞争转变。从内部机理来看,戚聿东等(2020)从"价值—技术—产业"的逻辑梳理"产业组织数字化重构"的理论机理;王琳等(2022)认为制造业数字化转型遵循了知识动态交互联接的内在逻辑,推动了制造企业的组织边界重构。从组织规则来看,金碚(2022)提出各国应根据产业基础和技术进步情况,发展并完善既各具特色又接轨协同的新型产业组织规则。从市场关系来看,张文魁(2022)认为数字技术的内生特性致使传统评价市场份额指标失效,"结构—行为—绩效(SCP)"的分析范式难以评价数字化转型后的市场竞争,而自我优待、拒绝交易、杀手型并购、差别化定价与补贴等企业行为更多成为反垄断的判断依据;何大安(2022)则认为市场竞争的主要路径已经转变为企业数据智能化和网络协同化能力的竞争。

本研究认为,国有资本平台数字化转型是以数据为关键生产要素,通过数据要素驱动和数字技术赋能,加快平台内部整合,并引起企业间、行业间的国有资本系统性组织调整和变化,并促使国资国企整体竞争力提升的变革过程。

第二节 国有资本平台数字化转型的特征

国有资本平台数字化转型具备明显的新特征。

第一,技术性强,具有规模经济效应。相比传统经济,数字经济高度依赖互联网、移动互联网、物联网、云计算、大数据、区块链、人工智能(AI)、虚拟现实(VR)、3D打印等数字技术。传统经济学认为,规模经济是企业通过调整规模至长期平均成本最低时的生产规模来实现。Goldfarb和Tucker(2019)指出在数字经济时代,标准经济模型中的搜索、复制、运输、跟踪以及验证等成本大幅下降甚至为零。数字技术大多是通用目的技术(general purpose technology,简称GPTs),即可以实现共性应用、持续改进、促进创新的通用性技术(霍尔和罗森伯格,2017),具有较强技术网络辐射能力,可广泛应用于经济社会各个领域,并对产业组织、业态模式、劳资关系等领域产生巨大影响。袁志刚(2021)指出数字经济中数据的使用具备空间和时间上的非竞争性,并不会提高经济主体使用该数据的边际成本,数字产品生产的边际成本趋于零。同时,数字技术的变化日新月异,与传统经济新技术的稳定性、连续性相比,技术迭代升级速度是其几倍甚至几百倍,且新技术能迅速熟化并投入新商业模式。数字技术的上述特征与克里斯坦森2014年提出的颠覆性创新高度相符,即更简单、低廉和可信赖,可满足市场上未曾被满足的需求,取代现有主流市场的产品、服务或商业模式,对部分传统行业和业态产生巨大冲击甚至对其进行颠覆。数字经济发展将数据采集、传输、存储、平台、服务等功能合二为一,加快形成以制造能力、创新能力、服务能力等驱动的企业核心竞争力,进一步突破传统企业边界,可获得跨界经济带来的丰厚回报。通过数据和技术在要素配置中的快速优化和集成共享,数字经济带动新型基础设施、工业互联网、数据治理等整体提升,拉动经济多层次、多维度、高质量增长。

第二,联通性强,具备范围经济效应。数字时代实现了经济社会的高度联通(江小涓,2020)。Lipsey等(2005)提出数字技术具备的通用性和开放性,使数字经济具有产业间的强渗透性,可以提升国民经济各部门的生产率。蔡跃洲(2018)也同意这一观点,认为数字经济这一特性可提高产业全要素生产率。一方面,数字经济密切了产业之间的关联度,直接产生关联的软件和信息技术服务业等第三产业加速向第一、第二产业扩张,前后向产业加快联通,并不断拓展其产业链条，催生了一大批新产业新业态，使三大产业之间的界限深度融合，日益模糊，带动产业链升级。另一方面，数字经济的数字产业化和产业数字化正在加速改造传统产业，加快新旧产业的协同发展，并以正向反馈机制倒逼高技术产业结构朝更优化、更合理的方向调整，从而形成更高级的现代产业体系。

第三，平台性强，具备网络效应。平台在数字经济中成为联通不同要素、主体、产业、业态、模式的新型生产组织形态。平台是收集、处理并传输生产、分配、交换与消费等经济活动信息的一般性数字化基础设施，是一种基于外部供应商和顾客之间的价值创造互动的商业模式，属于典型的双边市场，具备直接和间接网络效应。直接网络效应是指某一产品或服务的使用价值伴随使用者数量增加而提升，如微信、脸书等社交网络；间接网络效应是指产品或服务对于其他类使用者的使用价值伴随某一类使用者增多而提升，如淘宝、亚马逊等互动购物平台。以平台为组织模式的新型企业不是凭借其内部所拥有的资源来创造价值，而是通过创造连接手段来创造价值，即通过连接和协调巨型网络中的生产者和消费者来创造价值，可见平台企业所创造的价值源自其外部。袁志刚（2021）指出，数据的边际价值随着数据使用量的扩大而提高，并不断自我强化。同时，价值既可以从生产者向消费者转移，也可从消费者向生产者转移，即价值转移是多向的，这与传统企业创造的价值源于企业内部且单向转移有着本质差别。因此，裴长洪等（2018）认为传统企业实现的是供给方规模经济，而互联网平台实现的是需求方规模经济，其价值可呈非线性增长。由于网络效应的存在，最早引发正反馈机制（产品或服务能够更快获得足够数量的用户或供应商）的平台更易于成为市场竞争的胜利者，引发"赢家通吃"现象（李晓华，2019）。但"赢家"的地位并非常态，在数字经济中常常受到新竞争者的挑战，新竞争者可以以更快的创新速度或细分市场差异化竞争部分克服"网络效应"弱势。

第三节　国有资本平台数字化转型的国际借鉴

一、全球数字化转型的总体情况

根据中国信息通信研究院 2020 年 10 月发布的《全球数字经济新图景（2020 年）》，将数字经济体系框架分为四类：一是数字产业化，即信息通信产业,具体包括电子信息制造业、电信业、软件和数字技术服务业、互联网行业等;二是产业数字化,即传统一、二、三产业由于应用数字技术所带来的生产数量和生产效率提升,构成数字经济的重要组成部分;三是数字化治理,包括治理模式创新,利用数字技术完善治理体系,提升综合治理能力等;四是数据价值化,包括数据采集、数据标准、数据确权、数据标注、数据定价、数据交易、数据流转、数据保护等。

2019年全球数字经济不断发展,全球数字经济平均名义增速为5.4%,高于同期全球GDP名义增速3.1个百分点,如图4-1。其测算的47个国家数字经济增加值规模达到31.8万亿美元,较2018年增长1.6万亿美元。发达国家数字经济规模为23.5万亿美元,发展中国家数字经济增加值规模为8.3万亿美元,发达国家是发展中国家的2.8倍多;但发展中国家数字经济规模同比增长7.9%,超过发达国家3.4个百分点。因为发展中国家数字经济体量较小,数字经济发展处于信息化普及的初级阶段,数字经济增长较快,而发达国家数字经济体量较大,数字经济发展正向深层次、高水平阶段迈进,数字经济高级阶段效果尚未显现,增速相对较慢。

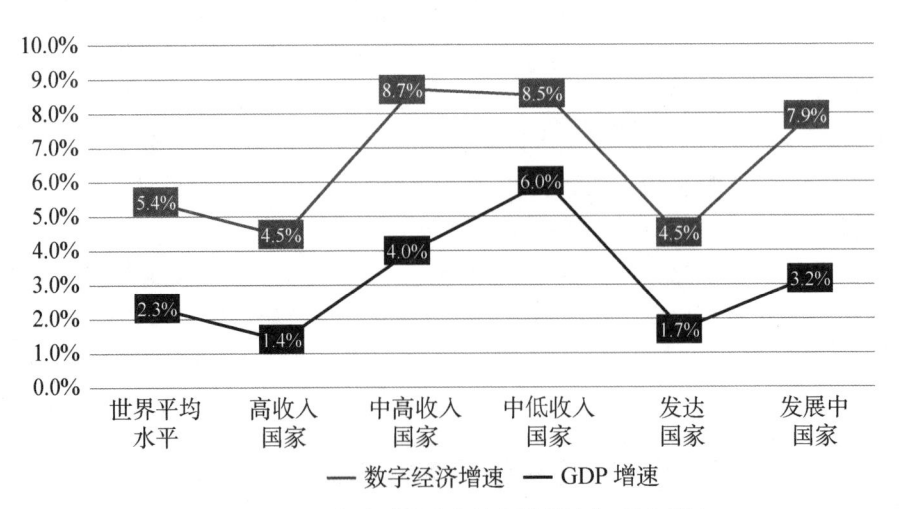

图4-1 2019年全球数字经济规模增速与GDP增速
资料来源:根据中国信息通信研究院《全球数字经济新图景(2020年)》相关数据绘制。

值得一提的是,中国数字经济凭借强大的国内市场优势,倒逼技术革新与模式创新,增长领跑全球,同比增长15.6%,其数字经济体量位居全球第二,规模为5.2万亿美元。而美国凭借技术创新优势,数字经济规模蝉联全球第一,达到 13.1 万亿美元。德国、日本位列第三、第四位,数字经济规模超过 2 万亿美元,英国、法国位列第五、第六位,数字经济规模超过 1 万亿美元。韩国、印度、加拿大、墨西哥、巴西、俄罗斯、新加坡、印度尼西亚、比利时等 17 个国家数字经济规模介于 1000 亿美元至 1 万亿美元之间。另有 24 个国家数字经济规模不足 1000 亿美元。整体来看,全球数字经济分化较大,排名前五的国家数字经济规模占 47 个经济体数字经济总量的 78.1%,排名前十的国家数字经济规模在 47 个经济体数字经济总量中占比高达 88.7%(见图 4-2)。

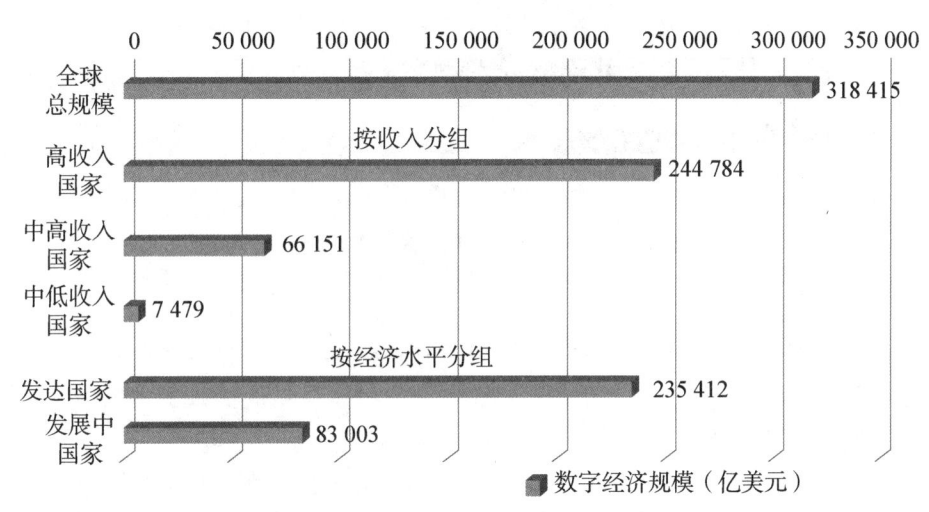

	数字经济规模(亿美元)
全球总规模	318 415
高收入国家	244 784
中高收入国家	66 151
中低收入国家	7 479
发达国家	235 412
发展中国家	83 003

图 4-2　2019 年全球数字经济规模
资料来源:根据中国信息通信研究院《全球数字经济新图景(2020 年)》相关数据绘制。

同时,数字经济在国民经济中地位持续提升。2019 年,全球数字经济占 GDP 比重达到 41.5%,较去年提升 1.2 个百分点,如图 4-3,数字经济对全球经济的贡献持续增强。其中高收入国家数字经济占 GDP 比重达 47.9%,高收入国家数字经济对国民经济的带动作用远超中高收入和中低收入国家。从不同经济发展水平来看,发达国家数字经济 GDP 占比已达 51.3%,数字经济在发达国家国民经济中已占据主导地位,高于发展中国家 24.5 个百分点,其中德国、英国、美国数字经济排名前三,占比分别为 63.4%、62.3% 和 61.0%。2019 年中国数字经济在国民经济中的地位进一步提升,占 GDP 比重达到 36.2%,对经济增长的贡献达到 67.7%,但与德国、英国、美国等国家相比,数字经济仍有较大发展空间。

此外,全球数字经济融合发展趋势更加深入。2019 年全球产业数字化占

世界平均水平	41.5%
高收入国家	47.9%
中高收入国家	30.8%
中低收入国家	17.6%
发达国家	51.3%
发展中国家	26.8%

按收入分组数字经济占GDP比重

按经济水平分组数字经济占GDP比重

■ 数字经济占GDP比重　　■ 其他

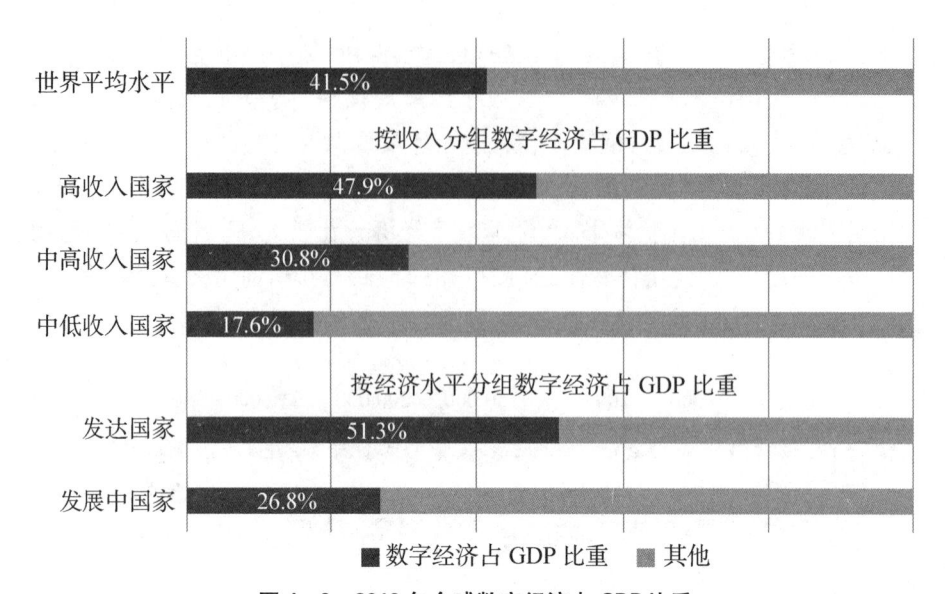

图4-3　2019年全球数字经济占GDP比重

资料来源：根据中国信息通信研究院《全球数字经济新图景（2020年）》相关数据绘制。

数字经济比重达84.3%，占全球GDP比重为35.0%；而全球数字产业化占数字经济比重为15.7%，占全球GDP比重为6.5%，可见产业数字化成为驱动全球数字经济发展的关键力量。收入水平越高的国家产业数字化占比越高，高收入国家产业数字化占数字经济比重达85.9%，较中高收入和中低收入国家水平分别高5.9和15.8个百分点；经济发展水平越高的国家产业数字化占比越高，发达国家产业数字化占数字经济比重达到86.3%，而发展中国家产业数字化占比为78.6%，低于发达国家7.7个百分点。

信息基础设施是数字化转型发展的基石。近年来，信息基础设施加速向高速率、全覆盖、智能化方向发展，新型基础设施建设的创新发展成为新的国际热点。世界开启5G商用，5G已经成为世界各大经济体的战略焦点，多国运营商、设备商本着互惠互利的原则共同推动各国5G发展。各大型科技企业纷纷开展天空和太空的信息网络布局，成为地面信号塔和光纤连接等方式的重要补充。同时，随着5G网络、人工智能、物联网等新型网络技术发展，数据中心成为重要的算力基础设施和数字化转型发展的重要支撑，发挥了数据存储、数据流通的关键作用，越来越受到全球的广泛关注。

制造业数字化转型加速发展。各国制造业数字化转型政策加速迭代，重视政策落地应用。一是各国政策目标加速向构建全局性、系统性转型生态体系演进。二是各国加速推动数字化转型关键举措落地应用。一方面,加快推动底层技术产品研发,如弗劳恩霍夫协会 IOSB-INA 正在开发设备改装的解决方案,推出生产传感系统"INA sense";另一方面,创新数字化转型落地机制,各国纷纷推出"加速器""孵化器"和"弹射器"等数字化落地机制,投资创新中心和建立创新网络成为加速数字化的普遍方式。根据 IDC 预测,到 2023年,数字化转型支出在 ICT 总投资中的占比将从目前的 36% 增至 50% 以上,增长最大的领域是数据智能与分析领域。目前,各国以产业联盟为纽带,加快完善制造业数字化转型生态。

数字贸易推动全球经贸关系发生新变革。伴随着数字技术在全球范围内的深度应用和数字化转型的快速发展,以互联网为基础的数字贸易蓬勃兴起,带动全球创新链、产业链和价值链加速优化整合,正在成为数字时代的重要贸易方式。一方面表现为贸易方式的数字化,电商平台成为国际贸易的重要枢纽,另一方面表现为贸易对象的数字化,互联网为国际数据流通提供了高效便捷的传输渠道,数据和以数据形式存在的商品和服务可贸易程度大幅提升,成为重要的贸易商品。UNCTAD 数据显示,2008—2018 年,全球数字交付服务出口规模从 1.8 万亿美元增长到 2.9 万亿美元,增长接近 60%,年平均增长率约为 5.8%(同期服务贸易出口增速为 3.8%,货物贸易出口增速为 1.9%)。

数据跨境流动成为大势所趋。各个国家纷纷针对本国国情和优先目标选择适当的数据跨境流动方案,制定高水准数据跨境流动规则。数据跨境流动在各国抢占数字贸易规则决策者身份的过程中起到重要作用。数据主权、网络数据安全、数据隐私保护、法律适用与管辖、数据本地化存储、国际贸易规则等成为数据跨境流动领域各国关注的焦点。另有一些国家出于保护本国数据、维护国家安全及促进国家发展的目的,对数据提出本地化存储要求。

全球数字化转型向三次产业加速渗透,其中固定成本低、交易成本高的服务业更易于进行数字化转型。2019 年,全球服务业数字经济渗透率达到39.4%,较去年提升 1.5 个百分点;工业数字经济渗透率为 23.5%,较去年提升 0.7 个百分点;而生产经营严重依赖自然条件的农业进行数字化转型的制约因素更多,渗透率仅为 7.5%,较去年提升 0.5 个百分点。

从不同收入水平来看,收入水平越高的国家三次产业数字化转型的程度越深。2019 年高收入国家农业、工业、服务业数字经济渗透率分别为 11.9%、30.5% 和 43.7%,分别较上年提升 0.6、1.0 和 1.7 个百分点;中高收入国家农业、工业、服务业数字经济渗透率分别为 7.3%、17.5% 和 30.3%,较上年分别提升 0.6、1.1 和 1.5 个百分点;中低收入国家农业、工业、服务业数字经济渗透率分别为 3.2%、7.9% 和 16.4%,较 2018 年分别提升 0.1、0.2 和 0.5 个百分点,如图 4-4。

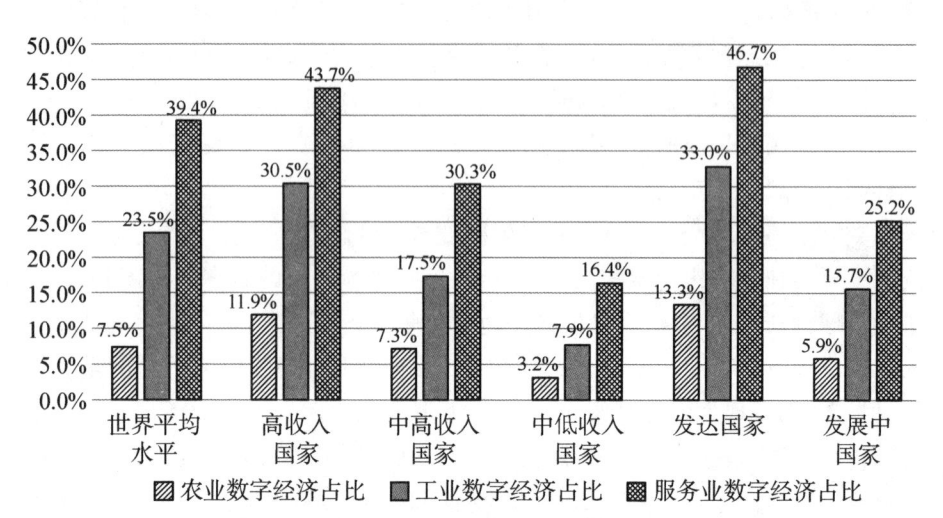

图 4-4 2019 年全球及不同组别国家三次产业数字经济占比
资料来源:根据中国信息通信研究院《全球数字经济新图景(2020年)》相关数据绘制。

从不同经济发展水平来看,发达国家产业数字化转型起步早、基础强,正由数字化加速向网络化、智能化发展阶段迈进。2019年,发达国家农业、工业、服务业数字经济渗透率分别为 13.3%、33.0% 和 46.7%,分别较上年提升 0.6、1.0 和 1.5 个百分点,是各国家分组中数字化渗透最为均衡的组别。以德国、英国为代表的国家三次产业数字化渗透水平均较高且均衡,其中德国 2019 年农业、工业、服务业数字经济渗透率分别为 23.1%、45.3% 和 60.4%;以韩国、爱尔兰为代表的国家工业数字化发展更快,以美国、中国等为代表的大多数国家服务业数字化渗透率更高,其中中国农业、工业、服务业数字经济渗透率分别为 8.2%、19.5% 和 37.8%,高于中高收入国家和发展中国家平均水平,但仍显著低于世界平均水平以及高收入国家和发达国家平均水平,与美国、德国、英国等国家相比,仍有较大差距。

总体来看,各组别、各国数字经济发展差异显著,主要源于各国收入水平、经济发展水平、产业结构等差异。高收入国家居民收入水平高、购买力较强,数字经济市场需求大;中高收入国家虽然居民收入水平较低,但中等收入群体快速增长,且人口基数较大,数字经济市场需求正在快速释放。发达国家信息化建设起步早,企业依托雄厚的技术基础开展数字技术研发创新的能力强,依托坚实的工业经济基础开展数字技术融合应用的阻力小、市场需求大,而发展中国家工业经济发展尚不成熟,技术力量较弱,企业信息化建设起步晚,大部分企业仍处于信息化1.0、2.0阶段,尚未触及深度数字化应用。从具体国家来看,各国数字经济发展特征与其经济发展阶段、产业结构等具有较高的关联度。如美国、韩国、爱尔兰等国ICT产业发达,导致其数字产业化占比相对较高。又如英国、德国、韩国、爱尔兰等工业发达,导致其工业数字化转型推进较快;而美国、中国等国服务业快速发展,导致其服务业数字化转型推进相对较快。

二、美国数字化转型的经验借鉴

美国是目前世界上数字化转型最早最成功的国家之一,也是率先提倡并支持数字化转型发展的国家,因此研究美国数字化转型的整体情况和特征将具有一定价值。

(一) 基本状况

2018年,美国商务部下属的经济分析局首次发布报告,定义和测算了美国的数字经济。根据2020年的《最新数字经济核算报告》显示,数字经济是美国经济中的最大亮点,2005至2019年年均复合增长率高达6.5%,而同期整体经济增长的速度只有1.8%。2019年美国数字经济的规模约为2.05万亿美元,占同期美国国内生产总值(21.43万亿美元)的9.6%。与美国传统产业或部门相比,数字经济的排名仅次于制造业,其规模约为2.35万亿美元,占GDP的10.9%,排名在数字经济后面的是金融和保险行业,规模约为1.67万亿美元,占GDP的7.8%(见图4-5)。

2019年,美国数字经济提供了770万个全职和兼职工作岗位,约占美国1.6亿总就业人数的5.0%,其中计算机系统设计及相关服务(210万名)、批发贸易(180万名)、广播通信(74.3万名)、计算机及电子零件制造(68.3万名)等数字经济领域的就业岗位最多。2005—2019年期间,美国数字经济从业者的年平均薪酬增长较快,增长率3.1%,高于其他行业的2.7%,其中2019年从业者的年均收入为13.3万美元,远高于美国平均6.9万美元的年收入(见图4-6)。

2018年3月,美国商务部经济分析局将数字经济定义为包括ICT行业、计算机网络存在和运行所需的数字使能基础设施、通过计算机系统产生的数

图 4-5 2019年美国数字经济和工业占国内生产总值份额

不动产和租赁 13.4%
政府 12.3%
制造业 10.9%
数字经济 9.6%
金融和保险 7.8%
专业、科学和技术服务 7.6%
卫生保健和社会援助 7.4%
批发贸易 5.9%
零售业 5.4%
信息 5.3%
建设 4.2%
运输和仓储 3.3%
住宿和餐饮服务 3.1%
行政和废物管理服务 3.1%
除政府外其他服务 2.2%
公司和企业管理 1.9%
公用事业 1.6%
采矿 1.4%
教育服务 1.3%
艺术和娱乐 1.1%
农业、林业、渔业和狩猎 0.8%

资料来源：美国商务部2020年《最新数字经济核算报告》。

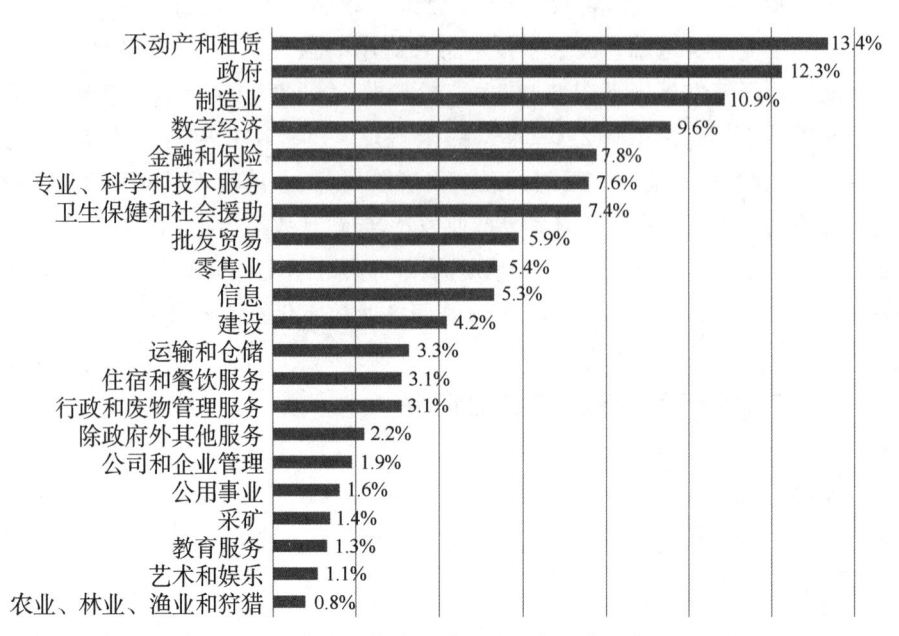

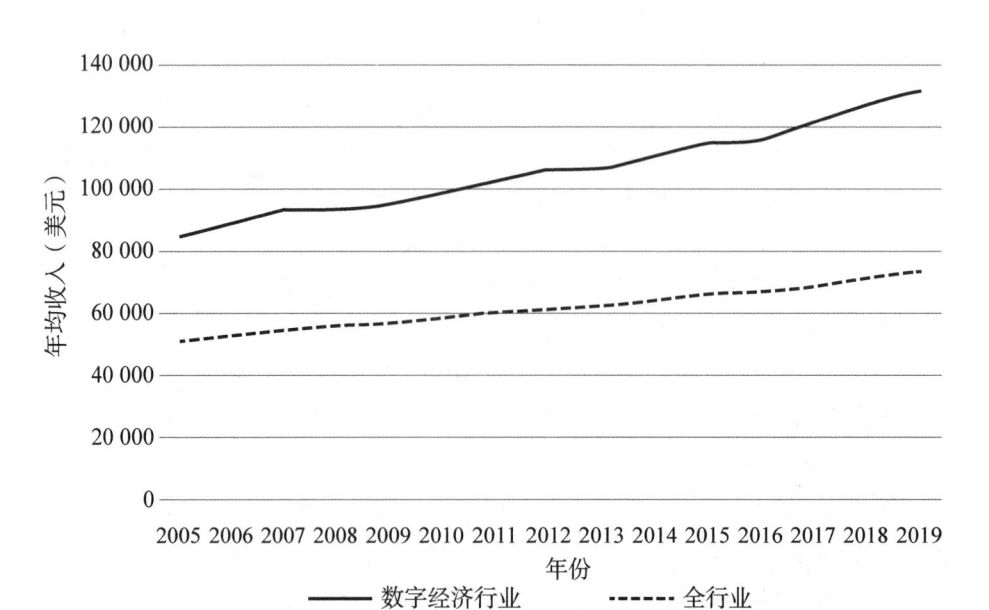

图 4-6 2005—2019年美国数字经济行业与全行业年均收入

资料来源：美国商务部2020年《最新数字经济核算报告》。

字交易(电子商务)以及数字经济用户创造和访问的数字内容(数字媒体)在内的经济,即包括所有的数字产品和服务,但不包括那些只有部分为数字内容的产品和服务。将这种混合交易区分为数字部分和非数字部分需要更多的数据和资源。2021年6月的最新报告里完善了数字经济的范围,从只包括数字商品和服务,逐步扩展到包括数字和非数字商品、服务混合的"部分数字"商品、服务类别,包括基础通信设施、电子商务和付费数字服务。其中基础通信设施是指支持计算机网络和数字经济存在和使用的基本物理材料和组织架构,主要包括信息和通信技术或ICT、商品和服务。电子商务是通过计算机网络和专门设计的方法以接收或下订单为目的远程销售商品和服务,通过电子商务购买的产品也称为"数字订购"。电子商务产出指的是通过互联网或其他电子市场(如电子数据交换)销售的数字订购商品和服务的零售或批发贸易差额。付费数字服务指向消费者收取费用的与计算和通信相关的服务,此外,还包括支持数字经济的服务,如计算机维修服务和数字咨询服务。

在美国商务部整个统计周期内,数字经济都是美国经济最主要的驱动力。从2005年到2019年的每一年,数字经济的实际增加值增速都超过美国经济的整体增速,大大缓解了2008年国际金融危机对于经济的不利影响。数字经济的快速增长使其对于GDP的贡献度远高于其所占的比例。例如2019年,数字经济规模仅占美国经济总量的7.8%,但数字经济的实际增加值增速为5.2%,对实际GDP增速2.2%的贡献率为18%,提高了GDP 0.64个百分点(见图4-7)。

在整个统计期间,数字经济的平均年增速为6.5%,而美国整体GDP的增速为1.8%。在数字经济中,硬件领域的增加值基本保持平稳,统计期间基本保持在年增加值2300亿美元上下,而软件领域数字经济发展迅速,由2005年的1797亿美元增加值上涨至2019年的4722亿美元,占数字经济总增加值的比重由17.7%上升到23.0%(见图4-8)。

美国商务部通过2005—2019年人口普查年度零售贸易调查(ARTS)和年度批发贸易调查(AWTS)的数据,估算出所有零售和批发机构的电子商务相关总产出。BEA将电子商务分为B2B电子商务和B2C电子商务两大类、在统计期间,B2B电子商务由2005年的1252亿美元增加值上涨至2019年的3171亿美元,占数字经济总增加值的比重由12.3%上升到15.5%;B2C电子商务由2005年的264亿美元增加值上涨至2019年的1335亿美元,占数字经济总增加值的比重由2.6%上升到6.5%。在2005年至2019年期间B2B电子商

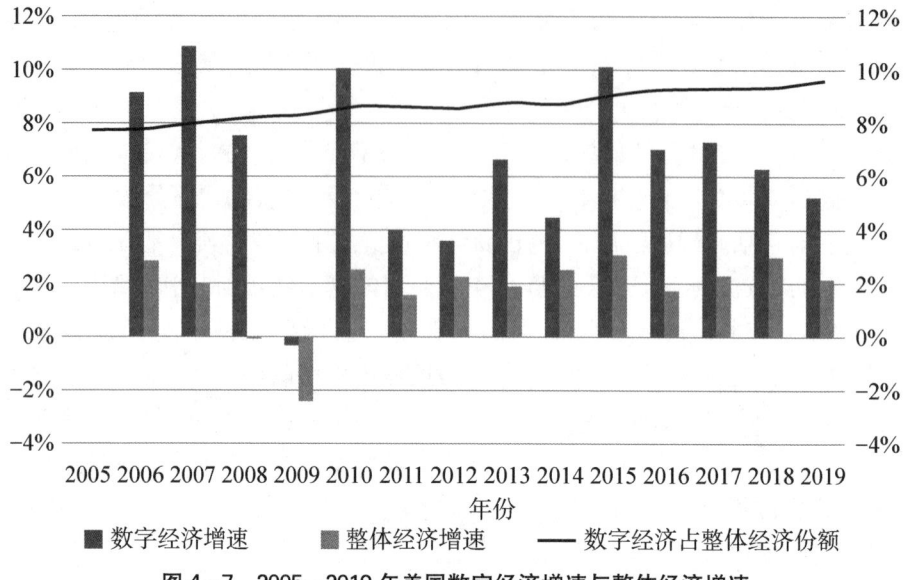

图 4-7　2005—2019 年美国数字经济增速与整体经济增速

资料来源：美国商务部 2020 年《最新数字经济核算报告》。

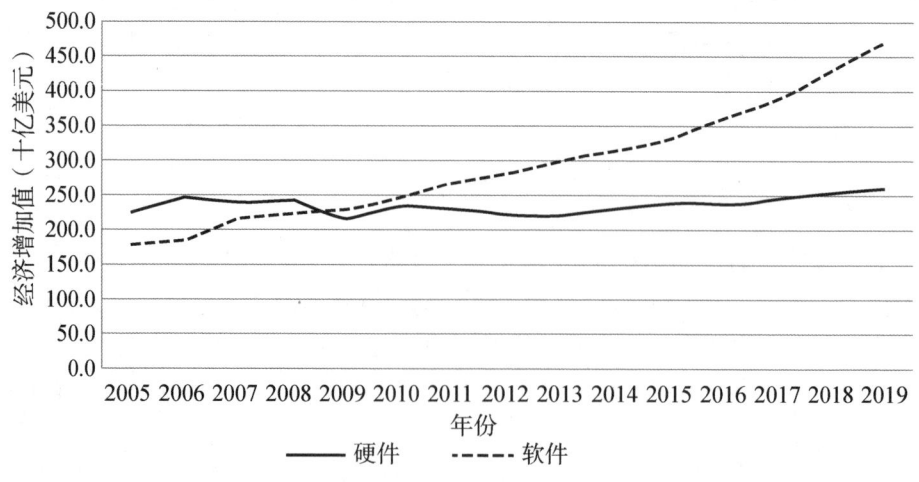

图 4-8　2005—2019 年美国基础设施领域数字经济增加值

资料来源：美国商务部 2020 年《最新数字经济核算报告》。

务增加值始终高于 B2C 电子商务增加值（见图 4-9）。

收费数字服务可以被分为云服务、电信服务、互联网和数据服务、数字中介服务和其他收费数字服务五个类别。其中电信服务、互联网和数据服务是最新引入的，以便更深入地了解各种数字服务对数字经济的贡献。在统计期间，云服

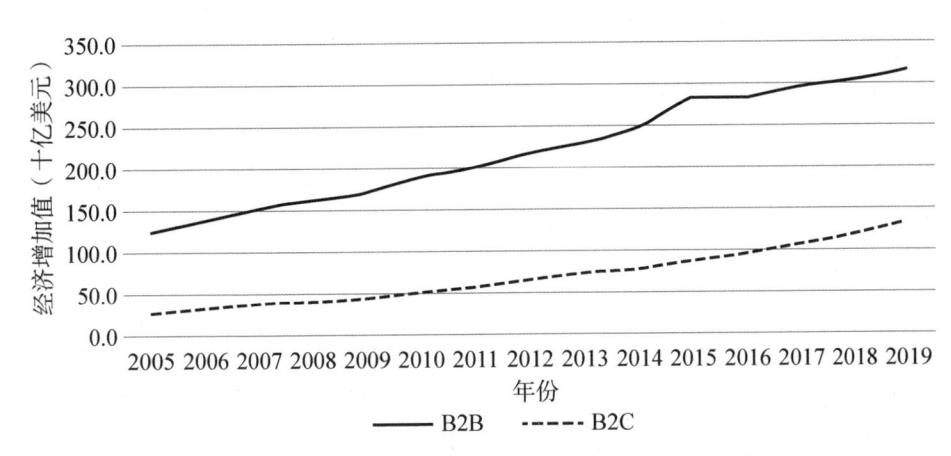

图 4-9　2005—2019 年电子商务领域数字经济增加值

资料来源：美国商务部 2020 年《最新数字经济核算报告》。

务由 2005 年的 246 亿美元增加值上涨至 2019 年的 732 亿美元，占数字经济总增加值的比重由 2.4% 上升到 3.8%；电信服务由 2005 年的 2 972 亿美元增加值上涨至 2019 年的 4 039 亿美元，占数字经济总增加值比重由 29.3% 下降到 21.0%，比例有所下降，但依然占比最大；互联网和数据服务由 2005 年的 432 亿美元增加值上涨至 2019 年的 1 050 亿美元，占数字经济总增加值比重由 4.2% 上升到 5.4%；其他收费数字服务由 2005 年的 919 亿美元增加值上涨至 2019 年的 2 415 亿美元，占数字经济总增加值比重由 9.0% 上升到 12.5%（见图 4-10）。

图 4-10　2005—2019 年美国收费数字服务领域数字经济增加值

资料来源：美国商务部 2020 年《最新数字经济核算报告》。

（二）美国数字化转型经验总结

一是超前规划数字化转型战略。美国商务部是各国政府中数字经济的最早倡导者之一，从1998年到2003年间，除2001年外，商务部每年均发布年度数字经济报告，这对早期数字经济理念的普及起到非常大的推动作用。2010年，美国商务部提出"数字国家"(Digital Nation)概念。在之后5年时间中，国家电信和信息管理局(NTIA)联合经济和统计管理局(ESA)连续发布6份"数字国家"报告，报告主要围绕基础设施、互联网、移动互联网等方面进行统计和分析。同时，美国政府先后出台了一系列数字化转型政策和举措，如《数字经济议程(2015)》《在数字经济中实现增长与创新(2016)》《数字经济的定义与衡量(2018)》《美国国家网络战略(2018)》等，确保美国在信息技术革新和数字成果应用方面长期的领先地位。

二是力争主导全球数字贸易规则。数字贸易的基础是数字产品，但数字产品的边界和外延尚不清晰。美国作为这一领域的领先国家，率先对"数字贸易"这一概念做出界定，并在双边和多边贸易协定中率先推出了数字贸易规则，如2017年7月美国向亚太经合组织秘书处提交的《促进数字贸易的基本要素》中提出了美国主导的数字贸易规则基本主张，包含互联网应保持自由开放、跨境服务贸易规则适用于数字贸易、数据存储设备与源代码非强制本地化、禁止强制性技术转移、数据跨境自由流动等5个方面。同时，美国发布《澄清境外数据的合法使用法案(CLOUD)》，从法律层面对跨境调取海外公民的信息和通信数据等方面内容进行了规定，利用数字产业全球领先优势主导数据流向。

三是积极建设数字政府。美国聚焦数字政府建设，2012年5月，美国白宫发布《数字政府战略》，要求政府机构"建立一个21世纪的平台，更好地服务美国人民"，提出了四大原则——以信息为中心、建设共享平台、以客户为中心、安全隐私平台，致力于提供可以在任何时间、任何地点、通过任何设备获取的数字政府服务；要求建立首席信息官数字政府管理运行制度，负责数字政府建设的资源管理工作；要求构建公私合作伙伴关系，在数字政府战略建设过程中，通过将部分公共服务及惠民项目外包给苹果、微软、亚马逊、Facebook以及谷歌等互联网巨头公司来提升政府信息技术，发展移动数字政府，利用人工智能、云计算提升数字政府服务效能。

三、贝莱德的数字化转型历程借鉴

贝莱德由创始人拉里·芬克于1988年创立,1989年开始以贝莱德名义发行股票、债券及共同基金等综合业务,1999年在纽交所上市,如今已成为全球最大的资管机构和市场化资本平台,为全球超过100个国家和地区的客户提供服务。其服务对象不仅包括政府与企业,还包括养老基金、主权财富基金、保险、银行、非营利组织等机构投资者以及个人投资者。截至2022年12月31日,贝莱德在全球管理的总资产规模约8.59万亿美元,涵盖股票、固定收益投资、现金管理、另类投资及咨询策略等。贝莱德数字化转型战略启动较早,有力推动其高质量发展,具有一定借鉴价值。

(一) 贝莱德的发展历程

初创期(1988—1994年):这一阶段公司依靠固定收益类产品发展。贝莱德创始人拉里·芬克曾就职于第一波士顿,1986年因在一桩高风险交易中孤注一掷,遭受巨额亏损后被公司解雇;1988年,芬克联合其他7位业内人士,依托黑石集团的500万美元投资,创立贝莱德的前身——"黑石财务管理公司",将它作为黑石集团的资管部。黑石集团和创始人团队各持股50%。成立之初,公司专注固定收益类产品投资,随着客户需求变化,业务逐步拓展至封闭式基金、信托及养老金等产品。芬克在第一波士顿的投资经历让他深刻意识到数字技术对风险管理的重要性。公司在成立之初便把利用技术系统进行数据分析和风险控制作为立身之本,致力于开发、应用风险管理技术,注重从风险角度为客户提供资产管理服务。截至1989年年末,公司资产规模增加约4.4倍,至27亿美元。公司于1992年与黑石集团分离,更名贝莱德,此后进入独立发展阶段。

成长期(1995—2004年):这一阶段公司依靠数字化转型和金融产品快速扩张。PNC是美国的一家"超级地区银行",贝莱德作为其子公司受益于PNC的大型分销网络与业务体系,投资机会得到提升。1995年,贝莱德在为PNC提供固定收益资管服务的同时,开始管理包括股权基金在内的开放式基金,产品范围从封闭型基金、信托,拓展至包括股权基金在内的开放型基金,为实现多元化产品体系奠定基础。值得注意的是,在后续的多元化进程中,贝莱德始终秉承"One Blackrock"理念,坚持统一协调平台,将固定收益、股票和其他业务合并管理，塑造以客户为中心的商业模式。在这种模式下，整个公司的资源和产品都可以被用于为客户谋福利，助力业务扩张。1998年，公司开始增加产品类别，合并PNC旗下的权益、现金管理及共同基金业务，资产管理规模进一步扩大，达到约1310亿美元。1999年，贝莱德在纽交所上市，资产管理规模达1650亿美元。此后，公司继续保持快速成长态势，截至2004年年末，管理资产规模达3420亿美元。1999—2004年CAGR（复合年均增长率）达15.69%。2000年，贝莱德自主研发上线了"阿拉丁"系统，推出风险管理解决方案（Blackrock Solutions）。阿拉丁是公司专有数字化平台，集风险分析与投资管理于一体，旨在为贝莱德和其他机构投资者提供风险管理服务。阿拉丁在功能层面兼具信用及风险分析、组合管理、交易执行、合规监管、运营监控、业绩分析六大功能，实现了各业务流程在数据平台上的统一作业，通过前中后台一体化的操作系统为公司及外部客户提供全方位的数据决策支持。

扩张期（2005年至今）：这一阶段公司主要加大数字化转型力度，铸造金融科技生态体系。21世纪初，美国股市遭遇两次危机（2001年互联网泡沫破裂、2008年次贷危机），主动管理类型产品收益下滑，跑赢大盘指数难度增加，低费率、高透明度、高便利性的被动产品迅速兴起，获得投资者青睐。贝莱德顺应行业趋势，布局被动投资产品系列：2005年收购道富投资研究与管理公司，产品实现从固收类向权益类拓展；2006年合并美林旗下买方资管部门，弥补公司在固定收益、现金管理中的产品短板，进一步扩充权益类资产；2009年收购巴克莱全球投资者（BGI），借力BGI旗下ETF旗舰产品iShares，被动投资ETF产品线得到大力扩充。收购完成后，贝莱德的策略结构更加完善，有效降低市场策略和资产类别表现轮动与波动对公司管理资产规模的影响，也使得贝莱德成为全球最大的资管公司。2021年收购投资管理公司Aperio Group。Aperio Group是提供税收优化、目标风险或ESG（环境、社会和治理）价值的定制指数股票投资组合的先驱。贝莱德将Aperio Group团队垂直整合到美国财富咨询业务中。此举有望进一步提高公司定制指数投资能力，预计将使公司的单独管理账户资产增加约30%，达1600亿美元以上。

为满足客户需求，贝莱德不断完善产品体系，拓宽产品线。在客户需求日趋多元的背景下，高收益的另类型产品及能够实现客户特定目标的解决方案型产品愈发受到关注。贝莱德对内巩固、调整投资团队，对外采取收购策略，拓宽产品线，提升在多资产、另类投资等领域的产品服务能力及投资服务能力。

(二) 贝莱德数字化转型的战略方向和主要路径

数据应用是资产管理行业推进数字化转型的焦点。根据麦肯锡调研,数字化能力领先的机构,市场信息技术支出占比低于行业均值6%。在技术赋能的推动下,数字化领先机构拥有更出色的客户体验、更高的运营效率(运营与技术支出占营收比重低于行业7%)、更出色业务增长(资产管理规模高于行业3%)和利润水平(利润率高于行业21%)。贝莱德主要从风控和投资业务两大角度开展数字化转型。在风控方面,科技创新和风险管理是贝莱德价值主张的核心组成部分。贝莱德认为,在瞬息万变的市场环境中,风控和创新可以增加资产管理的弹性和持久性;在投资方面,贝莱德坚持长期主义,重视自我创新,关注行业生态系统的变化,坚决批判和摒弃华尔街盛行的短期主义。公司的目标是从更长远更广泛的角度出发,让投资者获得可持续回报,而不仅仅是追踪误差。

贝莱德在数字化转型方面发展战略的基本方向是:

第一,通过一体化平台输出全面投资能力。目前,投资者整合"零散、高成本投资业务"的需求逐渐释放,一体化平台将成为未来的发展趋势。贝莱德集团打造了独具特色的阿拉丁资管系统平台。阿拉丁是横跨多资产类别、贯穿全投资流程的全能风险控制平台。在资产类别上,阿拉丁支持多资产类别的模型和分析;在交易流程上,阿拉丁开发了包括实时交易工具、投资组合构建工具、订单管理系统、风险报告系统、情景分析工具等各种数据处理和操作工具,其优质的一体化投资交易服务使用户对阿拉丁的依赖度非常高。

第二,为客户提供以结果为导向的解决方案。随着全球资产管理格局从单个产品选择转向整体投资组合方法,贝莱德集团的战略将专注于为散户投资者和机构创建以结果为导向的客户解决方案。贝莱德集团将继续致力于健全产品品类、提供创新技术服务、开发贝莱德技术产品和解决方案。

第三,发展OCIO(外包首席投资官)服务。贝莱德集团在全球范围内扩展阿拉丁财富和数字财富合作伙伴关系,并通过阿拉丁平台的投资组合构建工具和风险管理工具协助投资顾问建立更好的投资组合。

第四,发展可持续投资/净零投资。近几年,贝莱德一直在将可持续发展融入贝莱德的技术、投资组合构建、风险管理中。未来,贝莱德将在阿拉丁系统上构建过渡工具,孵化以转型为重点的投资策略,并提供投资组合建议,旨在帮助投资者在面临政策和实体经济变化步伐的高度不确定性时能够获得稳定收益。

贝莱德在数字化转型方面的主要路径如下：

第一，全面布局以"阿拉丁系统"为核心的风控体系。

贝莱德提供的技术服务包括投资和风险管理技术平台、Aladdin、Aladdin Wealth、eFront、Cachematrix 和 FutureAdvisor，其客户包括银行、保险公司、官方机构、养老基金/资产管理公司、资产服务商、零售分销商和北美其他投资者。贝莱德的技术服务收入稳定上升，2012—2020 年复合增长率为 21.75%（见图 4-11）；且技术服务收入在总收入中的占比持续增加，从 2012 年的 4% 左右增长至 2020 年的 7% 左右，是总收入中增长最为显著的一个模块。数字化转型为贝莱德收入提供稳定且日趋重要的贡献。费用方面，贝莱德技术费用自 2017 年开始增幅显著，占综合管理费用的比例也持续上升，体现了贝莱德对于技术研发的重视。

图 4-11 2012—2020 年贝莱德技术服务收入增长与占比
资料来源：根据贝莱德官网整理。

贝莱德从三个路径推进风控体系数字化转型格局：一是内部研发技术并应用；二是收购相关领域的金融科技公司，得到技术支持；三是与金融科技公司合作，形成协同效应。从历史上看，贝莱德更倾向于进行内部技术创新，构建专有技术，其中阿拉丁（Aladdin）系统是核心产品。

2000 年，贝莱德组建风控解决方案提供商 BlackRock Solutions，开发阿拉丁（Aladdin）风险管理系统。阿拉丁系统名字来源于资产（Asset）、负债（Liability）、债务（Debt）、衍生品（Derivative）、投资网络（Investment Network）首字母的缩写。贝莱德利用阿拉丁系统逐步完成对所有自有业务线的一体化整合，并基于平台完善的功能性和服务性为外部用户提供多资产风险解决方案，服务范围拓展至资产管理全流程。

阿拉丁系统是贝莱德自主研发的核心系统，是其在金融科技领域的标签系统，可以实现风险分析、投资组合管理、交易、结算等业务的流程、数据、信息在系统平台上完美融合；其大型数据管理中心位于美国的华盛顿州，共占用6 000余台服务器，24小时运行，由2 000余人负责维护。作为一个大型历史数据库，阿拉丁系统支持依据历史信息，通过蒙特卡洛法则生成大型随机样本，构筑未来可能出现的多种情形，以此建立统计模型，揭示在一系列未来条件下所有种类金融资产的表现。

阿拉丁系统提供全方位投资组合，具有五大功能和一体化投资服务流程，涵盖所有资产类别，具备强大的风险分析和管理能力，可为其自身业务及客户提供全方位、多层次的投资决策及风控支持，有效地管理风险和高效交易。在功能层面，阿拉丁系统集合组合与风险分析、交易执行、风险管理与控制、数据管理与监控、组合管理五大功能于一体；在业务流程上，阿拉丁系统实现了各业务流程在数据平台上的统一作业、前中后台的一体化操作。阿拉丁基于自身积累的海量历史数据和强大的技术分析能力，可以将预测细化到每一天，从而帮助客户实时分析并预测当前情景下投资组合的变化。

阿拉丁系统具备定制化情景分析和压力测试、多资产类别的投资组合分析的优势。定制化场景分析是阿拉丁系统最重要的优势之一，可以针对每一个投资者的资产组合进行组合情景定制。该平台将构建好的模型部署到阿拉丁的客户端之后，每个客户都能够根据特定的需要或针对于其投资组合中的特性来调整模型，并且可以利用模型对当前市场情况或历史情景进行定制场景分析。投资组合经理可以通过调整假设参数定制场景，预测各类资产的估值变动，进而对证券市场的价值走势进行预测。同时，阿拉丁支持根据数据统计结果分析各资产之间的相关性，还可以部署不同类型的压力情景测试以满足监管要求，如Solvency Ⅱ、Basel Ⅲ和美联储的CCAR压力测试。

阿拉丁系统支持包括股票、固定收益、衍生品、商品等多资产类别的投资分析，并持续完善其支持的资产类别；还支持通过分析各类资产的相关性及特定条件下资产间相关性对资产价格的联动性影响，构建具有低相关性、有效分散风险的投资组合。同时，当发生某种特定情景时，资产间的相关性可能会发生改变，阿拉丁将会通过数据分析得出相应结果，而结果有助于基金经理及时优化投资组合、控制风险。

第二，加快数字技术赋能投资新业务拓展。

智能投顾已经成为全球资产管理行业新风向。随着金融科技的不断发展和被动投资愈发盛行，智能投顾逐渐进入大众视野。智能投顾指人工智能与投资顾问的结合体，通过算法和模型制订风险资产组合，借助大数据识别用户风险偏好，从而为客户提供更优质的、具有针对性的深度服务，更兼具了费用低、便利化等优点。各资管机构都对此领域十分重视，通过自发内部研究、收购相关智能投顾研究公司等方式布局智能投顾。随着人工智能技术进一步渗透到金融领域，从降低成本及满足客户的角度考量，无论在内部与外部，贝莱德都选择了积极主动顺应这一趋势。贝莱德尤其关注金融科技领域的收购与投资，近年来收购了帮助银行及银行客户简化现金管理流程的Cachematrix；小规模入股欧洲数字化投资公司Scalable Capital；与瑞银集团合作，在本身阿拉丁平台（Aladdin platform）的基础上，开发新的阿拉丁风险平台（Aladdin Risk），并计划将其应用于财富管理领域；投资专为高净值人群及其财务顾问提供另类投资的FinTech平台iCapital；收购智能投顾平台Future Advisior。同时，在2017年4月，贝莱德宣布将裁掉近40个主动型基金部门的员工，其中包括7名投资组合经理，转而用人工智能的机器人代替。

贝莱德的智能投顾业务的商业模式主要是基于其数字化技术和算法的智能投资服务的平台（Aladdin、Future Advisor和iShares）开展。通过个性化投资组合建议和自动化交易，贝莱德帮助投资者实现投资目标，并为其提供了一种方便、高效和低成本的投资方式。该智能投顾业务采用资产管理费用的收费模式。投资者需要支付一定比例的资产管理费用。该费用通常是根据投资金额计算的。这些费用将用于覆盖平台运营成本和投资管理费用。近年来贝莱德利用智能投顾技术发展和优化平台科技建设，持续压缩员工薪酬和管理费用。2022年第三季度，贝莱德员工薪酬、管理费用占资产管理规模比重达到0.05%、0.02%，较2013年的0.08%、0.04%分别下降0.03%和0.02%。

贝莱德已经拥有2000余名数字化技术人员，预计未来将有更多的数字化技术收购动作，而且将倾向于收购技术型初创公司，吸收他们的工程师、算法、金融模型，以此提高数字化技术门槛。

第五章　中国国有资本平台高质量发展与数字化转型的实践

近年来,中国各地国有资本平台大力开展数字化转型,将数据作为公司的重要生产要素投入经营管理工作当中,通过资本运营、基金投资、股权管理等方式,积极推动国有经济布局优化和结构调整。

第一节　中央层面国有资本平台高质量发展与数字化转型的实践

国资国企在中国经济发展中占据主导地位。根据财政部发布的2020年中国经济年报数据显示,2020年全国GDP达101.6万亿元,其中国有及国有控股企业营业总收入为63.9万亿元,中央企业35.3万亿元,地方国有企业27.9万亿元,国有经济占全国经济总量的比例达到62.3%。数字经济成为未来竞争的主战场,国有资本投资运营平台成为数字化转型战场的主力军。"十四五"国有资本投资运营平台数字化转型有三个重点:一是加快投资数字基础技术发展。二是协同民企国企,突出以场景化为中心满足人民对美好生活向往的需求理念。三是以资本为纽带提高国企主业守正创新能力。

当前中央层面,大部分央企和国有资本平台已开启数字化转型进程,但仍处于起步或初期转型阶段。企业内部存在较大认识分歧、无法找到数字技术与业务场景融合的切入点、组织内部协同困难且难以打破原有部门边界和利益壁垒,成为企业内部数字化转型的主要阻碍。分行业来看,不同行业在推进数字化转型过程中,表现出不同的进度与特征。在制定转型战略规划并开展行动方面,制造类国企起步较早,同时也在向转型深入化迈进。相比而言,能源类国企的数字化转型行动相对缓慢。在数字化转型内容方面,能源类企业主要侧重通过数字化转型提高生产运营智能化水平，如智能制造、智慧园区、智能场景等。而制造类、建筑类以及服务类行业则更偏重于基础数字技术平台的建设，重在推进企业管理体系的数字化。

一、中国国新高质量发展与数字化转型

中国国新控股有限责任公司（简称"中国国新"）基于新一代信息技术构建安全先进、富有弹性的国新云平台，提供计算、存储、网络、安全等各类云服务的全栈供应，实现多租户、可视化、跨平台的云资源全生命周期管理，提升了中国国新数字化基础设施水平和技术能力，助推中国国新数字化转型升级。中国国新制订印发《2020—2022年数字国新建设行动方案》，明确提出要建设一个数字国新私有云，规划设计了融合"云大物移智"、区块链等新一代信息技术的先进基础设施。2021年5月，由中国国新发起设立的国新数据有限责任公司成立，注册资本5亿元，主要经营数据处理、大型数据服务等业务。2022年3月，国新数据注册资本变更为55亿元，翻10倍。国新数据以服务中国国新数字化转型升级为核心，以加强信息化数字化建设、打造数字化基础设施等手段，加快推进中国国新的数字化转型升级。2022年，国新数据推动数字化转型升级的工作取得不错的成效，比如国新云、科技中台、数据中台、统一门户/统一身份认证等系统利用率及服务效率大幅提升，"数字国新"建设"可感知、可体验"成效初显。

（一）安全＋高效重构国新云平台

针对中国国新的需求，天翼云对原有数字国新云平台进行重构，采用主流开源技术路线、高扩展架构，使中国国新首次拥有了技术先进、架构开放、安全可控、国内一流的私有云平台。国新云采用新一代信息技术，租用中国电信高等级数据中心，扩容计算、存储、网络资源，建设云计算管理系统，实现了国新云统一管理、云资源可视化分配、云租户自助化服务。国新云基于中国电信天翼云形成对异构云平台统一管理、同城跨资源池容灾备份，为中国国新数字化转型和国有资本运营提供了有力支撑，并为国有资本运营领域提供了宝贵的上云经验。

基础设施层面，天翼云凭借自主研发、可信云安全服务认证等平台优势为中国国新打造了安全可控的云基座，提供数十种计算服务、存储、网络、安全等IaaS层云服务。

业务连续性层面，国新云建立主数据中心和备数据中心，提供跨数据中心数据复制能力，支撑央企集团管控系统、国有资本运营业务系统实现同城跨资源池容灾备份。

安全可控层面，国新云按照等保三级进行设计，基于自主可控的产品，提供了边界安全、平台安全、租户安全三层防护，为云租户提供多种安全服务，保障云上应用和数据的安全。

业务场景层面，国新云承载中国国新数字化中台、管控平台、业务系统的运行，支撑了数据中台和科技中台的数据汇聚、数据治理、大数据应用、云原生技术、开发运维一体化、低代码开发等服务，支撑了中国国新各管控平台横向到边、纵向到底的一体化集团管控，支撑了各类国有资本运营业务系统的高效运行。

（二）五大创新奠定云平台坚实基础

目前，国新私有云平台一期建设上线，其技术先进性、安全性都达到国内领先水平。总体来看，国新私有云平台有五大创新点：

一是运营模式创新。国新私有云对中国国新全系统企业采用统一运营的模式。

二是建设模式创新。国新数据采用租用模式构建国新私有云服务。

三是技术架构创新。国新私有云通过与上层科技中台、数据中台相集成，各技术能力层相互独立，又实现了各层组件之间集成协作。

四是运维创新。国新私有云在国新数据统一管理下，由中国电信具体运维。

五是多资源池管理创新。国新私有云以中国电信自研云平台为主体，建立生产中心云平台和灾备中心云平台，两者相互集成，可在统一的云管平台上管理监控，又能保持独立。

近几年，不论是政府部门还是地方企业，在云策略的选择上越来越倾向于先进、自主、开放的云架构。对于国有资本运营公司而言，准确把握数字化转型趋势，积极推动信息化创新，有助于提升企业管理效率，更好发挥功能作用，促进国有资本合理流动、优化布局、提高效益、保值增值。

二、中国宝武高质量发展与数字化转型

（一）中国宝武数字化转型的发展要求

中国近现代钢铁工业在历经130年的曲折发展之后，已经走出了一条中

国特色社会主义的钢铁发展之路,创造了世界钢铁发展史上的奇迹。当下,中国钢铁工业已成功解决了"有没有""够不够"的数量问题,而聚焦供大于求、环境负荷、成本压力、人才短缺、能源消耗、安全生产等行业现状和痛点,还需解决"好不好""强不强"的质量问题。习近平总书记指出,"新一轮科技和产业革命正在创造历史性机遇"。智能制造正成为新一轮工业革命的核心驱动力,智能技术无疑将成为经济增长的新动能、产业发展的新蓝海、高质量发展的新引擎,推动数字经济和实体经济融合发展,加快推进数字化转型。

钢铁是一个传统制造产业。就生产过程控制而言,钢铁制造过程是工况最复杂恶劣、控制精度要求最严苛、应用场景最多的,对互联网、物联网、大数据、人工智能有着非常迫切的需求。中国宝武集团有限公司(简称"中国宝武")是一家以钢铁业为主要载体,积极谋求转型的高科技企业。其要从"老大"变"强大",离不开技术创新和商业模式的创新。所以中国宝武正在顺势而为,积极探索,抓住时代发展机遇,积极践行"双循环战略",加快推进数智化建设,充分发挥数字技术在钢铁产业发展中的赋能引领作用。它将制造优势与网络化、智能化相叠加,有效提升企业产品和服务的质量和效率,推进钢铁制造生产方式和企业形态的根本性变革;同时以产品和服务数字化、智能化为导向推进产业转型升级和商业模式的创新,培育发展新动能,进一步提升钢铁产业链现代化水平和钢铁行业竞争力。

(二)中国宝武的数字化转型实践和初步成效

中国宝武积极推进数据驱动、集成创新、协同共享等数字化转型理念,围绕智慧制造、智慧服务、智慧治理三大领域探索转型实践,取得初步成效。

一是持续推进"四个一律"目标,加快打造智慧钢厂。中国宝武提出以"四个一律"推进智慧制造,即"制造环节操作室一律集中并搬离现场、人工体力操作岗位一律机器人、设备运维一律远程、服务一律上线"。通过推行操作室集中形成一批集控中心优秀实践,打破传统工厂管理架构,使高度集约化管理成为可能;通过推进现场少人无人化,加快工业机器人、无人化行车、人工智能等新技术应用,上海基地全球率先实现"一键炼钢出钢";通过推进设备运维一律远程,体系联动开展多基地设备远程运维布局,推动公司设备管理体系转型升级;通过推动"服务一律上线",强力推进各子公司网上采购和钢铁产品网上销售。眼下,黑灯工厂、无人库区、数字车间、智慧工厂、人工智能、大数据、云计算、区块链、5G、仿真、AR技术大量应用,钢厂已不再是傻大黑粗、油污满面。

宝钢股份宝山基地入选国内钢铁行业首家"灯塔工厂"。中国宝武正在向现代高科技企业转型升级。

二是协同共建高质量钢铁生态圈，打造产业互联网领域的领军企业。依靠大数据支撑、网络化共享和智能化协作，中国宝武创新智慧服务新模式，打造第三方钢铁云平台——"产业电商"＋"产业物流"＋"产业金融"。"产业电商"领域，通过在线钢铁新零售服务，配套仓储、运输、加工等增值服务，满足用户便捷交易和精准交付需求。平台当前企业用户超过12万家，每日交易用户数5000家以上。"产业物流"领域，构建智慧物流服务体系，目前已接入仓储企业超过2000家，运输企业5000家，加工产线超过1000条。"产业金融"领域，构建智慧金融服务体系，打造中国宝武在线数字化金融服务平台，已累计实现业务规模上千亿元，服务中小企业2000家。在新冠疫情期间，钢铁生态圈的建设为中国宝武加快推进企业复工复产发挥过积极作用。

三是推进管理变革和流程再造，提升治理体系和治理能力现代化。中国宝武基于新一代工业互联网技术的应用，大胆推动钢铁企业组织形态和集团企业治理体系变革。集团层面，中国宝武作为国有资本投资运营公司，运用数字化、智能化手段，逐步构建国有资本投资公司智慧治理新平台，实现与国资监管综合信息监测展示系统的融合集成，寓监督于管理。子公司层面，打造"一总部多基地"的管控模式，构建智慧高效的总部，打造智能敏捷的制造基地，形成"一个智慧决策中心＋系列智慧工厂"的"1＋N"的智慧时代网络型钢厂，并逐步向无边界、开放、共赢、互信的 One Mill 演进。专业层面，中国宝武打破地域边界、行政边界、层级边界，利用工业互联网实现同专业（如高炉、热轧）的互联互通和数据远程智能应用，从而实现跨地域、跨单元的专业化协同共享。

（三）中国宝武数字化转型赋能与开创未来

未来中国宝武强化信息化向数字化、网络化、智能化全面转型发展的顶层设计和整体策划，围绕技术创新、管理创新和商业模式创新等方面，以"新基建""新技术""新保障""新生态"等方面建设为举措，通过技术赋能推进数字产业化发展，支撑钢铁生态圈各类业务云平台建设，引领钢铁行业全面转型升级。

一是大力推进"新基建""新技术"创新，打造生态圈互联互通基础设施底座。中国宝武坚持技术创新引领战略，数字化转型新型基础设施建设先行，在新规划期致力于持续构建"一朵云",即宝武分布式云计算中心,为互联网生态圈客户提供数据中心及云计算服务能力;构建"一张网",即覆盖全国的高速承载网络,为生态圈建设提供"大动脉";构建"一个平台",即中国宝武工业互联网生态平台,其适用于大型钢铁集团的工业互联网架构,实现全要素、全产业链、全价值链的全面连接,支撑全局可控、全产业链协同;构建"一个大数据中心",即统一云化部署的大数据中心架构,为实现数据变资产、数据驱动创新业务新模式奠定基础。面向国际国内科技前沿,中国宝武加快关键核心应用技术攻关,跟踪世界科技发展的大趋势,研判钢铁产业发展的大趋势,围绕产业链部署技术创新链,开展六大类"新技术"在钢铁行业深度融合的研究研发。

二是大力推进"新保障"创新,构建完善的数智研发体系及大数据治理体系。为保障集团数字化转型战略的扎实落地,积极构建协同创新,专业协同、基地协同、国内协同、国际协同,开放、共赢的数智研发体系。一方面,2020年新年伊始,中国宝武成立中国宝武工业互联网研究院、中国宝武大数据中心,与宝信软件合署办公,统筹中国宝武工业互联网/大数据中心的架构设计及前沿技术研究,积极参与各类标准、专利的制定,贡献宝武力量,引领行业发展。另一方面,集团公司进一步开展系统性、整体性的研究和策划,构建"治理运营统分结合,互联互通、逻辑统一,物理部署授权可分"原则下的大数据治理体系。按照"联邦制"组织建设策略,集团与子公司协同配置数据治理及运营功能,统分结合建设集团全层次业务域,设计编制治理和运营的相关制度、流程、规范。通过建设良好的数据生态环境,集团公司达到协同共建的目的,让钢铁生态圈同气连枝,更加蓬勃兴盛。

三是大力推进"新生态"创新,打造行业领先的数字化服务龙头企业,持续为用户创造价值。结合钢铁生态圈八大功能体系建设战略,全面构筑中国宝武虚实结合的智慧钢铁数字生态。初步构建3+8+6泛在链接、数据共享、业务贯通和全面感知的数智化应用体系;构建一批"平台+"数智生态业务云标杆,使平台竞争力显著增强;提升数据、资金等生产要素流通效率,高质量产业大数据实现PB级突破,全面提升高质量钢铁生态圈及国有资本投资公司智慧治理现代化的应用创新能力和数智化赋能升级。合理布局数字产业,聚焦交易、物流、金融、远程运维、工程设计、大数据、工业互联网等领域,培育一批行业领先的数字化服务龙头企业,研发和输出数字化转型产品和系统的解决方案。

第二节　地方层面国有资本平台高质量发展与数字化转型的实践

近年来,各地国有资本平台积极推进高质量发展与数字化转型瞄准资产经营和管理中的信息不清楚、协同效率低、监管能力差、风险难把控等痛点,以信息化、数字化、智能化技术为抓手,打造"管资本"运营平台,全面实现数字化与"管资本"的深度融合,构建高质量发展新格局。

一、深投控高质量发展与数字化转型

深圳市投资控股有限公司(简称"深投控")从科创资源导入和系统企业间协同两个方面,构建"上下一体、资源聚集、共享共赢"的业务协同体系。业务协同,本质上是多元化企业围绕自身定位和商业模式,通过打造符合自身特点的管控体系和协同机制,有效配置、整合、共享内外部资源禀赋,提升企业规模效应和核心竞争力。

(一)协同资源禀赋现状

深投控作为深圳市属国有资本投资运营公司和深圳市科技创新与产业培育平台,构建了科技金融、科技园区、科技产业三大产业集群,涵盖了证券保险、基金创投、融资担保、地产开发、规划设计、园区运营、文体服务、会议展览等业态,与数万家企业(特别是科创企业)建立了业务联系。其中,金融服务的企业累计超过2万家、基金投资的企业累计近800家(其中投资上市公司近100家),园区入驻企业超过2000家,园区内各类孵化器等双创空间累计孵化项目超过4000个,每年高交会参展项目超过10000个。

丰富多元的业态、海量的企业项目,加上世界500强品牌,形成了深投控业务协同的核心资源禀赋。然而目前,这些资源没有很好地整合起来,各企业资源信息的畅通汇集力度不够,"各自为战"现象普遍,没有真正形成"上下一体、资源聚集、共享共赢"的战略格局。

投控体系的协同资源,可分为科创企业资源和内部市场资源两类。科创企业资源是投控核心协同资源,主要包括基金投资企业、担保服务企业、园区

入驻企业、高交会参展企业等与投控体系建立业务联系的科创企业；内部市场资源主要包括体系内可面向系统企业和员工提供的各类产品服务，以及各单位业务拓展过程中发现的市场商机。

（二）聚合资源禀赋构建业务协同体系

聚合内部各类资源禀赋建立业务协同体系，是做实做细深投控"科技创新资源导入＋科技园区＋科技金融＋上市公司＋科技产业集群"五位一体商业模式的内在要求和关键举措。2021年7月，深投控向全系统印发了《深圳市投资控股有限公司业务协同工作指引（试行）》，从科创资源导入和系统企业间协同两个方面构建"上下一体、资源聚集、共享共赢"的业务协同体系，明确了业务协同目标、实施路径和工作机制。

1. 业务协同工作目标

一是科创资源导入。对深投控科技金融、科技园区、科技产业三大产业体系内的科创企业资源信息进行归集管理和动态跟踪，辅助运用大数据、人工智能等科技手段，及时匹配科创企业多元服务需求，挖掘发现优质标的和项目机会，为产业培育、园区招商、金融投资等业态增效赋能，进一步强化公司作为全市科技创新和产业培育平台的核心功能，助力公司产业板块做强做大。

二是系统企业间协同。为全投控系统各企业和员工搭建产品服务、市场商机等各类内部市场资源的信息共享平台，基于市场化原则，对内促进资源共享和需求匹配，对外加强团队作战，形成合力，挖掘共享市场商机，形成便捷高效的内部市场，进一步提升公司规模效应和协同效应。

2. 业务协同组织体系

借鉴中信集团协同组织架构体系，结合深投控实际和业务协同模式特点，建立"协同委员会—协同委办公室—前台部门—系统企业"联动的协同工作组织体系，推动业务协同各项部署有效传导；依托投资经理、博士后等专业人才团队打造协同专家库，辅助协同资源项目研究分析。

3. 打造资源共享的协同信息平台

协同信息平台是汇集管理协同资源信息，推动协同资源信息在系统内部流转运用的平台，为业务协同工作提供基础支撑。

4. 建立科创资源导入（导入协同）机制

科创资源导入主要包括建立科创资源库、优质科创资源挖掘赋能等。

一是建立科创资源库。依托协同信息平台对科创资源信息进行管理,及时掌握投资企业、园区入驻企业等核心协同资源信息动态,及时发现科创企业的融资、产业空间、产业服务等需求,及时为科创企业对接投控体系资源提供多元服务。

二是优质科创资源挖掘赋能。形成"协同机会挖掘—协同评估推荐—协同落地跟踪"的工作闭环。

5. 建立系统企业间协同(内部协同)机制

系统企业间协同工作建立信息共享机制、需求对接机制、分级协调机制三项机制。

6. 建立业务协同考核激励机制

第一,考核机制。业务协同工作纳入相关部门,协同重点企业的年度重点工作进行考核。

第二,激励机制。本部门和系统企业层面,对业务协同表现和贡献突出的,予以考核加分或专项奖励;本部员工层面,对业务协同工作表现突出的,在年度考核和评优评先中予以表彰奖励;系统企业员工层面,要求各系统企业建立相关激励机制,表彰奖励业务协同贡献突出的团队和个人。

(三) 打造资源共享的数字化协同信息平台

1. 协同信息平台功能架构

协同信息平台是业务协同工作的基础支撑和核心抓手。这个信息平台,将通过大数据、AI、云计算等科技手段,实现各类资源信息的汇集、串联、共享,让各企业和广大员工共同来挖掘这个平台上的优质项目、机会,真正发挥投控大平台的集群优势和500强品牌优势。

协同信息平台规划了"驾驶舱—协同人员操作台—智能技术中心—数据平台"四层架构。驾驶舱和协同人员操作平台是平台的应用层。驾驶舱面向深投控领导和协同办公人员,一并掌握业务协同全景动态。协同人员操作台面向本部和系统企业核心业务人员,线上开展两大协同工作。智能技术中心和数据中台是底层技术支撑,用于打通各企业信息系统,连接体系内全量科创企业、产品服务、市场商机信息数据,为应用层提供运行环境。

2. 协同驾驶舱

驾驶舱主要面向深投控领导和协同办公人员,从三个层次展示业务协同工作的全局动态。

第一层是位于驾驶舱界面中间的协同效益总览,呈现科创资源导入和系统企业间协同两方面的成果效益。

第二层是在驾驶舱界面左右两侧的科创资源和系统企业内部资源的全景动态。

在科创资源全景动态方面:一是展示深投控科创资源库总览,展示入库的科创企业总数、重点企业数和对应的行业分布,直观了解深投控在细分行业赛道的布局情况。同时,可以进一步掌握科创企业生命周期分布,从"天使期、成长期、拟上市、上市"四个阶段展示不同发展阶段的科创企业结构。二是展示科创资源的核心业务动态,展示投资、退出、收益等情况,从不同的时间维度了解投资项目数、金额,特别是投出的上市企业数量,以及退出的金额、回报率等。三是展示科创资源库企业列表,可按业务类型、入库时间、所处行业、企业估值几个维度,快速查询查看企业简况。

在系统企业内部资源方面:一是展示系统企业间协同信息发布总数,以及信息类型分布,掌握不同板块的业务协同活跃程度。二是展示内部协同信息列表,查询各板块各企业发布项目详情,包括信息名称、类型、发起方、进度以及发布时间。三是展示协同专家库情况。截至目前,已完成投控系统首批超过130名协同专家入库,涵盖投资经理、研究员、在站博士后、财务专家、法律专家等类型。

第三层是企业画像。企业画像是对科创企业进行辅助分析评估的智能技术工作,通过算法模型对企业内外部信息大数据进行深度挖掘,勾勒科创企业全貌。

其一,企业基本信息模块。一方面展示企业简介,包括所属行业、注册地址、成立时间、基本情况等;另一方面分别展示企业的主营业务、核心技术、盈利模式。同时通过OCR文本识别模型,对企业信息进行关键字提取,可以帮助快速了解企业概况。

其二,企业核心竞争力分析模块,分5个维度进行展示。

第一个维度,是企业智能评估模块。企业智能评估是企业画像的核心模块,集成价值分析、风险评估、需求挖掘三大AI智能模型,深入挖掘企业发展潜力、风险点和实际业务需求。企业价值分析板块,通过价值分析模型从五大维度勾勒企业价值情况,给出企业推荐评分星级;同时,可抓取关键信息,呈现企业的团队、创新、所属行业、经营水平以及风险数据。企业风险评估板块,利用AI模型发掘企业风险因子,综合评估企业风险指数,抽取不同风险类别的关键词进行呈现。企业需求挖掘板块,通过多渠道汇聚的大数据进行综合分析,挖掘出企业在股权投资、园区场地、融资服务等方面的潜在需求。

第二个维度,是对标企业的行业分析模块。一方面通过在时间维度上分析企业所在行业的规模和增速,辅助判断该企业的未来发展前景;另一方面选取所处行业的几家领先企业作为参照对象,综合对比各企业的营业收入、净利润、市值估值等数据,通过指标呈现企业优势或短板。

第三个维度,是经营分析模块。经营指标是判断一个企业发展健康程度的关键指标,第一部分是营收利润分析,展示该企业的营业收入及净利润随时间的变化情况;第二部分是资债分析,呈现该企业的总资产、净资产变化趋势;第三部分展示最近几年企业总资产周转率、资产负债率、毛利率、ROE等主要财务比率指标和变化趋势。

第四个维度,是团队分析模块。投资就是投人,对于初创期和成长期的企业尤其如此。一方面展示企业核心高管姓名、职位以及履历;另一方面通过树状图呈现企业的股权结构信息。

第五个维度,是估值分析模块。对该企业的估值情况进行里程式排列,直观呈现该企业的融资历程,包括轮次、投资机构、投资金额、融资时间以及对应的估值金额。

3. 协同人员操作台

协同人员操作台涵盖"协同资源分析—协同信息共享—协同智能评估—协同过程支持—协同备案认定—协同考核评价"等功能,实现业务协同全流程线上管理。

4. 协同信息平台数据打通路径

实现协同信息平台与各企业核心协同信息载体的数据打通,真正实现上下一体,破除信息孤岛,是协同信息平台建设的关键,将按照"三步走"计划推进。

第一步,是把深投控和各企业现有数据库对接起来,制定数据模板,同时支持手工填报,让系统先从0到1跑起来,形成一个数据汇聚的机制。

第二步,是实现数据自动化。各企业要紧紧依托协同信息平台,建立有效的信息化数据采集管理机制,完善自身业务系统"基础设施"建设,未来与投控数据中台打通,实时对接。

第三步,实现数据智能化,用算法模型抓取投资报告、招股书、企业财报等内外部核心数据,同时利用机器学习等方式提升三大模型准确性。

此外，在数据信息安全方面，深投控将通过制度建设、技术保障等方式建立数据安全体系，明确数据使用权限和范围，确保数据安全和规范管理。

二、重庆渝富高质量发展与数字化转型

重庆渝富控股集团有限公司（简称"重庆渝富"）抓牢高质量发展首要任务，2023年上半年，该集团合并收入同比增长27%，利润总额实现同比翻番增长。

（一）投资运营成果丰硕

围绕重庆"33618"现代制造业集群体系，重庆渝富以产业链、价值链为重点，挖掘投资标的120个，做深做实行业研究。其上半年完成项目立项（含立项备案）81个、投资决策项目55个（含子公司自主决策项目35个），新增投资项目46个，投资决策金额同比增加217.68%。其通过"招投联动"实现双赢，投资的某科技公司拟落户永川，并作为链主企业带动全市及永川区无人机智造产业集群发展；投资的某新材料科技公司已在重庆设立研发中心；投资的某电子专用材料制造公司拟在九龙坡区新建8万吨正极材料产能；投资的某科技股份公司落户铜梁后，吸引了新能源上下游多家企业落户本地，带动在渝投资超过100亿元。

（二）数字化转型加快推进

2020年7月，重庆渝富作为发起人，联合"政、企、银"三方成立了重庆数字经济产业创新合作联盟。此次联盟成立及签约，标志着重庆渝富全面向数字型、创新型资本运营公司转型，也标志着重庆国有企业数字化转型和重庆数字经济产业发展按下了"加速键"。在数字产业投资布局方面，通过发挥银行、券商、互联网科技企业在项目发现、信息获取等方面的优势，以及地方政府的政策支持作用，重庆渝富促进更多更好优质项目落地重庆；在多渠道筹措数字产业投资资金方面，通过银行、券商、国企、地方政府积极组建数字经济基金群，重庆渝富为重庆市重大数字产业项目落地，提供资金支持；在推进出资企业数字化转型方面，重庆渝富积极与互联网科技企业合作，通过"混资本"带动"混技术""混信息""混人才"，加快重庆传统企业数字化转型；在充分利用资本市场发展数字经济方面，通过积极发挥券商机构金融服务的专业优势，重庆渝富

推进重庆市优质数字经济项目资产证券化,打通"一二级市场"退出通道,为重庆更好利用资本市场促进数字经济发展提供支撑。2023年8月,重庆渝富"智慧渝富"(二期)业财控融合平台项目正式启动,该项目由浪潮海岳承建,建设完成后将实现集团数据资源的"聚通用",为集团管控、业财融合、智慧决策打下数据基础,进一步加快集团数字化转型,助力一流企业建设。

第六章　中国国有资本平台高质量发展案例分析

第一节　中国诚通国有资本平台高质量发展案例分析

一、平台简介

中国诚通控股集团有限公司（简称"中国诚通"）是国务院国资委监管的中央企业，是国资委首批建设规范董事会试点企业、首家国有资产经营公司试点企业和中央企业国有资本运营公司试点单位。自 2016 年 2 月中国诚通成为国有资本运营公司试点企业以来，集团净资产增长 6.5 倍，净利润增长 9.3 倍，连续三年进入国资委党建考核和经营业绩考核"双 A"行列，并于 2022 年 12 月由试点转入持续深化改革阶段。

中国诚通成立于 1992 年，由原国家物资部直属物资流通企业合并组建而成，担负国家重要生产资料指令性计划的收购、调拨、仓储、配送任务，在国民经济中发挥了"流通主渠道"和"蓄水池"作用。2005 年，国资委确定中国诚通为国有资产经营公司试点企业，探索中央企业非主业及不良资产市场化、专业化运作和处置的路径。到 2016 年，集团共完成 6 户一级中央企业、14 户二级中央企业及 182 户系统内企业重组整合，涉及法人单位 800 多个，资产债务近千亿元，分流安置职工 8.8 万人。

作为中央企业国有资本运营公司，中国诚通聚焦"推动改革完善国有资本授权经营体制，提升国有资本配置运营效率"新使命，立足"国有资本流动重组、布局调整的市场化运作专业平台"新定位，锚定"服务国家战略、服务国资央企"主方向，构建了基金投资、股权管理、资产管理、金融服务及战略性新兴产业培育孵化的"4+1"平台布局。

在"4+1"业务中,基金投资板块规模超6 600亿元,以中国国有企业结构调整基金、中国国有企业混合所有制改革基金两只国家级基金为主,包括债转股基金等专项基金共同组成,着力推动国有资本布局优化和结构调整;股权管理板块管理规模2 000亿元,参与央企重组整合和股权多元化改革,成为5家一级央企的主要股东,通过公司治理发挥积极股东作用,专业运作上市公司股权,服务央企上市公司价值提升;资产管理板块打造"资产经营升级版",托管中国铁物并化解其债务危机、重组成立中国物流集团,牵头处置央企海工装备资产、海外油气资产,承接央企"两非"资产,接收党政机关培训疗养机构转型健康养老产业;金融服务板块持续完善,充分发挥财务公司、租赁公司、保理公司、证券公司、公募基金等企业功能,开展具有运营公司特色的金融服务;立足集团资源禀赋,大力培育战略性新兴产业,推动中国纸业、力神电池等所出资企业实现高质量发展,打造行业"链长"和"旗帜"。

二、组织架构

为了促进公司长远、稳定发展,中国诚通不断规范和完善公司治理结构,建立了董事会、监事会和总经理负责的管理团队,进一步提升公司治理水平。中国诚通的组织架构设置如图6-1所示。

三、平台高质量发展的经验

中国诚通构建了高水平的国家级基金体系,充分发挥国家调控基金投资引领作用、混改基金"头雁"效应和桥梁纽带作用,服务国家科技创新战略,聚焦核心领域和核心技术,建设形成了以国家调控基金、混改基金为主,专业基金为辅的基金体系,同时建立了科学的决策机制以及较为完善的内控体系等,共同推动国有资本平台高质量发展。

(一)健全基金投资体系

中国诚通牵头发起设立中国国有企业结构调整基金、中国国有企业混合所有制改革基金两只国家级基金,形成以国家级基金为主,专业基金为辅,总规模超过6 600亿元的诚通基金体系。

国家调控基金投资引领成效显著。中国国有企业结构调整基金是受国务

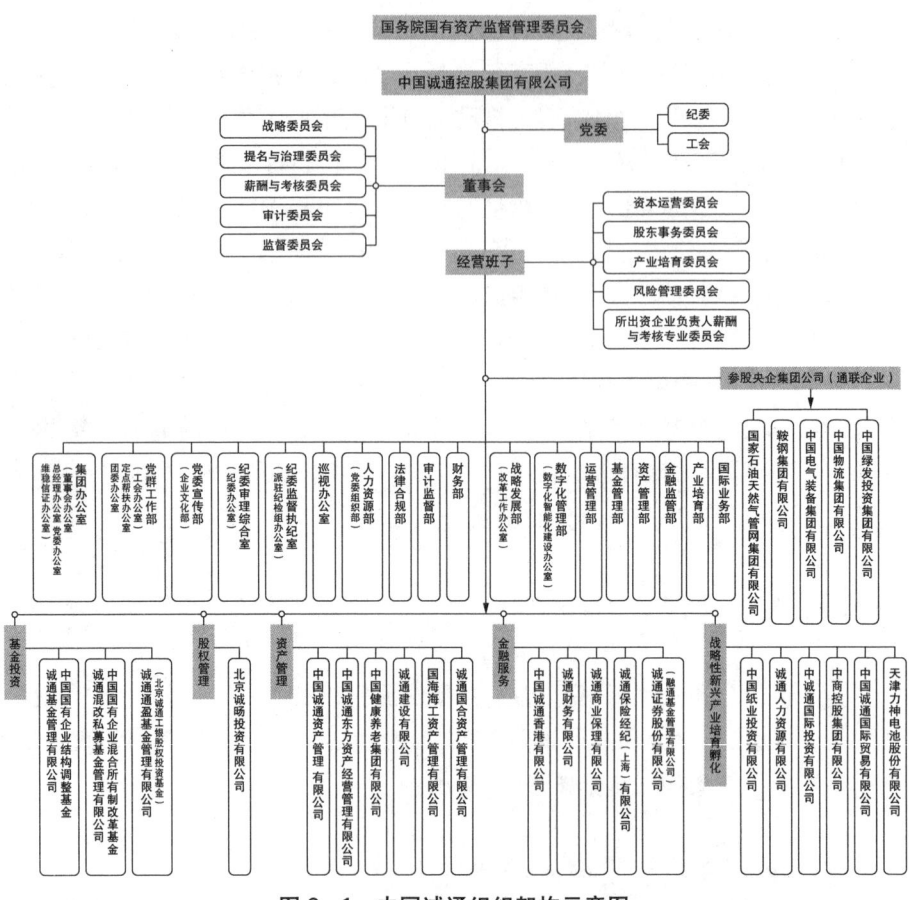

图6-1 中国诚通组织架构示意图

资料来源：中国诚通官网。

院国资委委托，由中国诚通作为主发起人成立的第一支国家级私募股权投资基金，2016年9月22日在北京注册成立，联合发起人包括建信投资、招商金葵、中国交建、中国兵器工业集团、中国移动、国家能源集团、金融街集团、中国石化和中车资本等9家央企、地方国企及大型金融机构。国家调控基金采用股份有限公司的组织形式，由中国诚通全资子公司诚通基金运营管理，中国诚通直接持股30.36%并实际控制。据国家调控基金协议及章程，单笔投资金额超30亿元的投资项目由投委会进行立项和终审决议；单笔拟投资金额在30亿元及以下的投资项目，由诚通基金负责该项目的立项、投资、投资退出、投资方案重大变更等事项的决策。在国家调控基金一期及混改基金稳健发展的基础上，中国诚通组建了国家调控基金二期，联合中国移动、中国电信、中国中铁、中交集团、中国能建、中国西电、华润集团、招商局集团8家央企,高效完成了当年国内规模最大的基金(737.5亿元)募集,实现以平行基金形式搭建国家级基金的突破性创新。国家调控基金主要通过母子基金、直接投资相结合的方式重点服务于中央企业发展,支持央企行业整合、专业化重组、产能调整、国际并购等项目。截至2021年年末,国家调控基金已交割项目139个,投资金额1131亿元;连续6年实现盈利,累计实现利润总额184亿元,已退出直投项目平均年化收益率超过17%;推动航空、电力、能源、航运等产业结构调整和转型升级,积极参与电信、高端制造等领域的混改,助力有关重点国企改革脱困,加大对前瞻性战略新兴产业投资布局,实现了践行国家使命、获取市场化回报和推动运营公司改革试点的"三重任务"目标。

混改基金"头雁"效应和桥梁纽带作用明显。混改基金由中国诚通作为主发起单位,携手三峡投资、中国国新、南方电网资本、上海国投、临港集团、海通证券、云投集团、海南中万启盛(万科集团全资子公司)、普洛斯投资等10家央企、7家地方国企和2家民营机构,于2020年年底在上海成功设立。混改基金总规模2000亿元,一期募资707亿元,对吸引社会资本参与国企改革、优化国企治理结构、提升资本运营效率具有重要示范作用。国企混改基金聚焦核心领域和核心技术的混合所有制改革,重点布局国家战略领域、竞争性领域、科技创新领域和产业链关键领域的混改及反向混改项目,重点支持信息技术、高端装备、新材料、生物医药等行业发展。截至2021年年末,混改基金已投资金额合计108.77亿元,国资类项目占比90%。债转股基金积极发挥作用,已完成170亿元投资,带动社会资本917亿元,显著降低被投企业负债率。不良资产处置基金、润诚基金等专业基金稳健有序运营,持续发挥作用,成为诚通基金体系的有益补充。

中国诚通的重点行业投资主题包括战略性新兴产业、制造业、基础设施与公共服务业、民生幸福产业、资产管理及其他五大方向,如下表所示。

表6-1　　　　　中国诚通重点行业投资方向一览

1	战略性新兴产业	含通信、电子、集成电路、传媒、新能源、生物医药、环保、计算机、新材料、高端装备等
2	制造业	含造纸、军工、钢铁、化工、机械设备、家用电器、建筑材料、金属等
3	基础设施与公共服务业	含石油天然气管网传输、交通运输、仓储物流、基础设施、贸易、公用事业等

续表

| 4 | 民生幸福产业 | 含城镇化建设、健康养老、消费食品、文旅休闲服务等 |
| 5 | 资产管理及其他 | 含资产管理、农林牧渔及其他 |

资料来源：笔者根据公开信息整理。

中国诚通主要围绕人工智能、生物制药、先进制造、5G、物联网、新能源等战略新兴领域发力。国家调控基金、混改基金参投中国电信回归 A 股、广核新能源等标志性项目；投资通用技术、中远租赁等项目，支持央企子公司深化混改；投资国药集团天坛生物、华润微电子等企业，前瞻性布局战略性新兴领域；与地方政府和一流企业合作搭建子基金，引导带动社会资本近千亿元。中国诚通基金体系助力多家央企产业集团、国有资本投资公司在装备制造、远洋运输、通信、钢铁、航空等行业成为产业链"链长"。此外，中国诚通采取委托管理、ETF（交易型开放式指数基金）运作和自营投资相结合的方式，对央企上市公司股权进行专业化管理运作，促进国有资本合理流动和价值回归。债转股基金累计交割163.5亿元，租赁公司发行2期资产支持专项计划，保理公司投放超100亿元，惠及央企上下游产业链企业300余户，有效助力降杠杆、减负债、压库存、提质量。

（二）规范投资管理流程

为了规范投资活动，加强投资管理，促进投资决策的科学性，完善以管资本为主的集团管控模式，强化企业市场主体地位，规范投资管理，提高决策科学性，提高投资收益，防范投资风险，落实国有资本保值增值责任，中国诚通制定了《中国诚通控股集团有限公司投资管理办法（试行）》。该办法规定，投资活动必须遵循战略性原则、管资本为主原则、分类管理原则、保值增值原则和底线控制原则。同时，该办法规范了各部门的主要职责。

集团董事会是集团投资管理的最高决策机构，负责年度投资计划及投资计划调整，负责决定集团总部直接进行的策略性投资额度，负责设立集团直接出资企业，负责投资总额超过15亿元的单个投资项目，以及特别监管类投资项目和需报国资委审核批准的事项。

集团总裁办公会负责对集团投资管理负面清单的修订，负责董事会批准额度范围内的集团策略性投资项目，负责批准所出资企业开展建设项目投资资格（建设项目投资是指通过 BOT、BOO、BT、PPP 等形式进行的、有一定期限、完成后退出的投资),负责集团董事会决策权限以下、所出资企业决策机构决策权限以上的且总额超过2000万元的单个投资项目,负责集团直接投资项目立项,以及指派所出资企业作为集团直接投资项目的投资主体。

集团战略管理部门是集团投资管理牵头部门,负责对集团及所出资企业的投资活动进行日常管理,汇总各类投资管理情况,主要职责是:牵头并会同相关部门对所出资企业报送的年度投资计划进行审核,对存在问题的所出资企业年度投资计划反馈书面意见;负责编制集团年度投资计划,并向国资委报送;负责统计、分析集团年度投资计划的完成情况,并向国资委报送;负责集团本部策略性直接投资项目的论证、组织、实施;牵头组织审核报送集团的非并购类、非金融类的境内投资项目;牵头并会同相关部门进行投资事中管理;配合相关部门进行投资项目后评价、专项审计等投资事后管理。

(三) 强化国有资本运营能力

综合中央的要求及国资委的部署,中国诚通努力承担国有资本"盘活存量、做大总量、投好增量、管好质量"的综合性任务,形成了如图6-2所示的资本投资运营逻辑体系:(1)明确一个定位:国有资本流动重组、布局调整、整合运作的市场化专业化平台。(2)承担三类任务:形成资本、管控资本、运作资

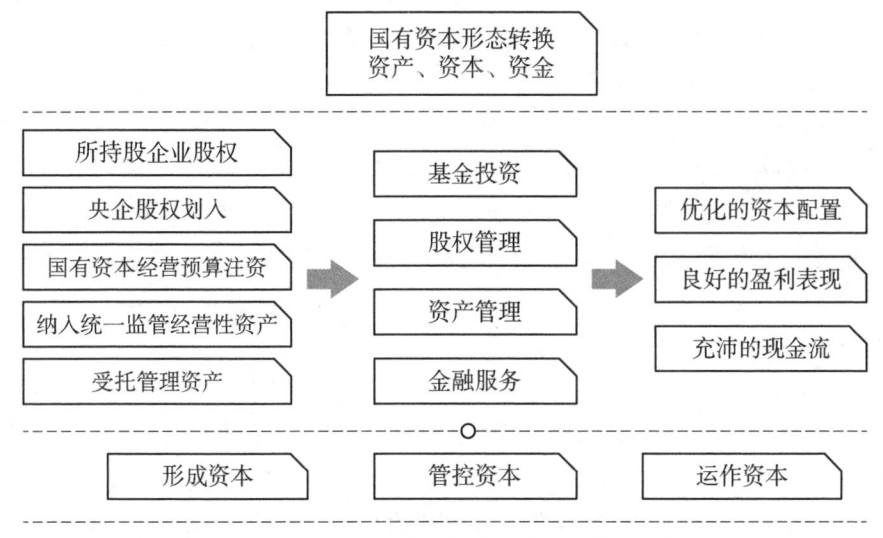

图6-2　中国诚通资本投资运营逻辑体系示意

资料来源:中国诚通官网。

本。(3)促进三态转化:资金—资产—资本。(4)发挥四项功能:基金投资、股权管理、资产管理、金融服务。(5)形成三大运营成果:优化的资本配置、良好的盈利表现、充沛的现金流。

在股权运作方面,中国诚通积极推动央企股权多元化改革。中国诚通参与国家管网集团重组,成为并列第二大股东,有力支持了中国能源结构调整和能源安全新战略;作为第一大股东牵头重组设立中国绿发集团,助力打造聚焦绿色产业的一流央企;成为鞍钢集团并列第二大股东,推动鞍钢重组本钢,全面提高中国钢铁行业产业集中度、资源安全性和国际竞争力;参与中国电气装备集团组建,打造世界一流电力装备企业;积极推动中国储运、中国物流、华贸物流、中国包装与所托管的中国铁物整合组建中国物流集团,配合、支持各项工作的衔接过渡,提供人、财、物全方位支持,完成重组整合工作,推动运营公司进一步聚焦主责主业;通过委托管理、ETF运作和自营投资相结合的方式,对近700亿元市值的央企上市公司股权进行管理运作,成为中国诚通利润重要来源;牵头发布央企结构调整指数、国企"一带一路"指数及ETF、开放共赢(A+H)指数及ETF。通过发行指数基金,累计盘活央企存量股权超过400亿元,实现央企净资产增加超过200亿元。

在资产管理方面,中国诚通积极承担国有企业结构性调整任务,服务供给侧结构性调整,在化解过剩产能、推进僵尸企业退出等工作中发挥积极作用,保障人员平稳安置分流;服务央企改革脱困和去产能工作,对非主业、存续、低效无效资产实施重组整合,完成有效资产的剥离及无效资产的退出;重点承接培训疗养机构等经营性国有资产,组建中国健康养老集团有限公司,围绕"接得稳、盘得活、管得好、转得优"原则,研究制定方案及规划,开展调研和试点,参与中央企业发展健康养老产业研究,开启党政机关和国有企事业单位培训疗养机构接收工作;探索"医养结合"路径,协同推进中央企业医疗机构改革,通过统一接收、分类运营、医养结合,推进中央企业办社会职能剥离,并与多家央企达成合作意向。

在金融服务方面,中国诚通稳妥整合阳光保险国有股权,完善阳光保险治理结构,维护国有股东权益和国有资本安全,完成诚通香港内部整合及诚通租赁增资,打造境外资本运营平台,接轨国际金融市场。诚通保理构建面向央企国企的供应链金融生态平台,已累计完成投放额220亿元,服务近40家央企国企,收购诚通证券并控股其所属的融通基金,进一步提升服务中央企业的金融能力。

(四) 健全国有资产交易管理

为了规范国有资产交易行为,加强国有资产监管,防止国有资产流失,促进国有资产合理流动,助力国有资本运营公司改革,中国诚通制定了《中国诚通控股集团有限公司国有资产交易管理办法》,该办法规定了资产管理部和出资企业的主要职责。

集团资产管理部负责集团各级子企业国有资产交易的管理,主要职责为:制定集团国有资产交易监督管理的规章制度;指导集团出资企业制定本企业的国有资产交易相关办法、流程;合规性审核集团决定的国有资产交易事项,履行集团批准程序;监督检查集团出资企业组织和实施的国有资产交易事项;按照有关规定,向国务院国资委报告集团国有资产交易情况。

集团出资企业负责其所属各级子企业国有资产交易事项的组织和实施,其主要负责人是单位国有资产交易工作的第一责任人。其主要职责为:明确国有资产交易管理的责任部门、责任人,落实工作责任;依据法律法规和集团相关规章制度,结合行业特点,制定自身的国有资产交易办法、流程,并报集团备案;依照办法的规定,及时向集团报告其组织和实施的国有资产交易事项。

(五) 有序开展资产经营

2005年6月13日,国务院国有资产监督管理委员会以国资厅改革〔2005〕116号文件确定中国诚通为国有资产经营公司试点单位,搭建国有资产重组和资本运作的平台,推进中央企业战略性重组和结构调整。

在有关方面充分协商的基础上,中国诚通资产经营工作试点根据国有经济布局和结构调整以及中央企业重组的总体需要,将部分中央企业的非主业资产、不良资产及所属经营不善的企业等,通过托管、无偿划转、收购、资产置换等多种方式剥离移交给公司,由公司按照市场原则和有关规定进行经营或处置。根据国资厅改革〔2005〕116号文件的要求,中国诚通对试点期间移交的企业或资产,单独建账,独立核算。相关资产或企业不纳入公司的合并报表,实现了资产经营和产业经营分离,减少了公司的资产经营风险。同时,中国诚通按照市场原则和有关规定对移交的企业或资产进行处置。资产处置过程中的历史债务偿付主要通过资产变现或业务和债务重组解决,人员费用化支出符合相关政策的可获得国有资本经营预算支持。被移交企业作为独立的法人主体,以自身拥有的资产,偿还自身债务,中国诚通无义务承担额外费用。

具体工作方面,中国诚通本部负责战略分析、制定资产经营总体工作目标、提出企业重组工作计划、编制资产经营预算和组织指导重组有关工作,资产经营公司负责项目的具体实施。中国诚通专门从事资产经营的子公司和目前托管的企业包括中国诚通资产管理有限公司(原中国资产经营管理公司、中国新元资产管理公司、新华通投资发展公司、中国诚通资源再生开发利用公司、中物信息技术发展公司合并成立)、诚通人力资源有限公司、中国诚通东方资产经营管理公司和中国铁路物资集团有限公司等。

自成为试点企业以来,中国诚通在接受企业重组和资产处置方面,因企制宜、分类处置,积极把降低改革成本、国有资产消耗和改善国有资产质量相结合,加快处置,快速"止血",减少国有资产损失;同时,积极培育新的利润增长点,恢复国有资产的"造血"功能。在中国诚通内部管理环节上,制度化、规范化、市场化运作,积极探索人资分离、收支分线、控制关键点的管控体系。中国诚通目前已形成产权管理、人力资源、资产整合三个功能性平台,积累了重组整合、引资改造、股权转让、清算关闭等资产经营工作经验。中国诚通坚持市场化运作,充分发挥国有资本预算资金杠杆和引领作用,完成包括对中国寰岛(集团)公司、中国唱片集团有限公司、哈尔滨电气集团有限公司阿继项目的划转及托管,对中国国际企业合作公司、中国包装有限责任公司、欧洲商业开发投资管理中心、中商企业集团公司、中冶纸业集团有限公司的接收,对中国康利实业公司项目历史遗留问题的解决,对华诚投资管理有限公司的托管以及对重组普天集团下属 8 户企业的接收等。

第二节　中国国新国有资本平台高质量发展案例分析

一、平台简介

中国国新控股有限责任公司(简称"中国国新")成立于 2010 年 12 月 22 日,是国务院国资委监管的中央企业之一,2016 年初被国务院国有企业改革领导小组确定为国有资本运营公司试点,2022 年 12 月正式由试点转入持续深化改革阶段。截至 2022 年年底,公司资产总额近 8 600 亿元;2022 年净利润近

240亿元。2019、2020、2021、2022四年连续获年度中央企业负责人经营业绩考核A级。

试点以来,中国国新按照党中央、国务院决策部署,围绕国务院国资委工作要求,聚焦试点目标和功能定位,构建完善"资本＋人才＋技术"轻资产运营模式,不断丰富运营业务布局与功能,探索打造"7＋3＋1"业务格局。基金投资板块以中国国有资本风险投资基金为核心,设立运营包括国新国同基金、央企运营基金、科创基金、双百基金、国改科技基金、综合改革试验基金群、国新建源基金、国新中鑫基金、国新高层次人才基金等在内的国新基金系,着力支持中央企业深化改革、创新发展和优化布局,培育孵化前瞻性战略性产业;金融服务板块目前已拥有商业保理、融资租赁、财务公司、保险经纪、金服公司、大公国际等金融、类金融机构,通过向中央企业提供创新金融产品和服务,助力中央企业深化供给侧结构性改革、防范化解重大风险,增强资本流动性和提高回报;资产管理板块聚焦盘活存量国有资产,深入探索不良资产接收处置与运营管理,支持中央企业加快"两非两资"剥离处置工作、聚焦主责主业;股权运作板块服务央企上市公司价值管理,通过稳妥开展持有上市公司股份的专业化运作,促进国有资本合理流动、保值增值;境外投资板块围绕服务共建"一带一路",大力推动中国企业境外优质项目落地,支持企业"走出去";直接投资板块以服务深化国资国企改革为导向,积极参与有关中央企业战略性重组、专业化整合和股权多元化改革等;证券业务板块拥有证券、公募基金和期货等重要业务资质,利用遍布全国的机构网络,助力中央企业更好对接资本市场,服务实体产业发展。同时,中国国新探索打造咨询、数字化、文化教育等新的业务板块;搭建央企专职外部董事服务保障平台,目前服务专职外部董事40余名、分别在90余户中央企业任职。此外,中国国新推动划入的中国华星集团有限公司(原中国华星集团公司)、中国文化产业发展集团有限公司(原中国印刷集团公司)两户原中央企业结构调整,实现转型发展。

二、组织架构

为了促进公司长远、稳定发展,中国国新不断规范和完善公司治理结构,建立了董事会、党委会领导下的治理结构,进一步提升公司治理水平。中国国新的组织架构设置如图6-3所示。

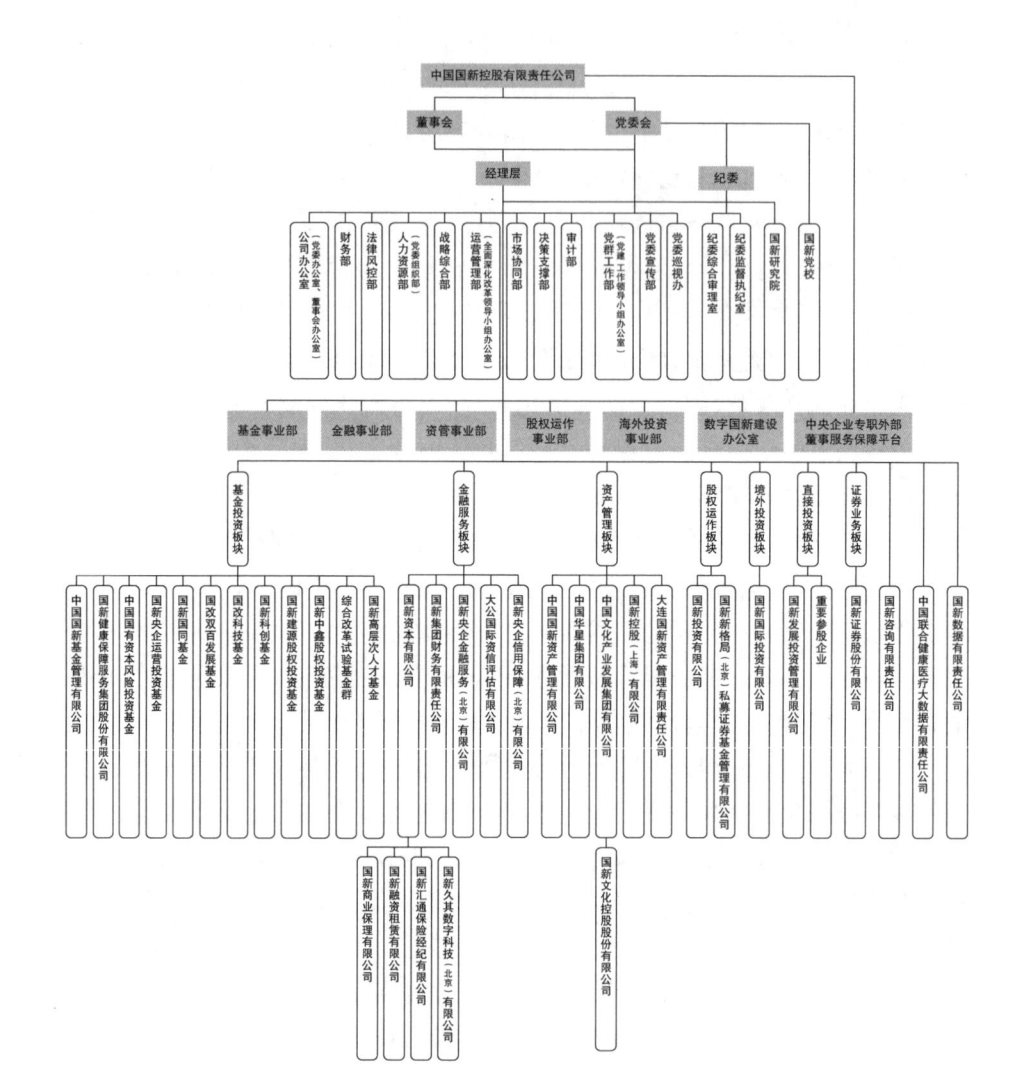

图6-3 中国国新组织架构示意

资料来源：中国国新官网。

三、平台高质量发展的经验

中国国新聚焦振兴实体经济的使命担当，立足自身功能定位，不断实现新突破，在提升基金投资战略功能、发挥直接投资平台作用以及促进基金投资风险防控方面取得了积极成效；聚焦国企关键核心技术突破、产业链供应链自主可控、市场竞争中发挥战略支撑作用等,通过股权运营、金融服务、资产管理、风险防范等多领域共同发力,着力培育运营公司核心竞争力,有力推动高质量发展。

（一）积极发挥基金投资战略功能

在基金投资方面,按照"投向清晰、规模适度、时间错配、运作专业、回报优良"的运作思路,中国国新形成了包括11只基金在内的国新系基金,建立了涵盖基金投资全生命周期的管理体系。

目前,中国国新逐步打造形成以国新基金管理公司为统一管理平台,以中国国有资本风险投资基金股份有限公司（简称"国风投基金"）为核心,包括国新央企运营（广州）投资基金（有限合伙）（简称"央企运营基金"）、国新国同（浙江）投资基金合伙企业（有限合伙）（简称"国同基金"）、国新建信股权投资基金（成都）合伙企业（有限合伙）（简称"国新建信基金"）、国改双百发展基金合伙企业（有限合伙）（简称"国改双百基金"）、国新科创股权投资基金（有限合伙）（简称"国新科创基金"）和国改科技基金等在内的国新基金系,总规模超过7000亿元。中国国新紧紧聚焦国有资本运营主责主业,围绕新布局、新动能、新模式,突出发挥培育孵化功能,进行系列化、差异化、协同化投资,综合运用多元运营手段,以市场化专业化方式积极支持央企改革、创新和发展,为振兴实体经济注入活力动力。

其中,国风投基金由中国国新作为主发起人及控股股东,联合中国建设银行、中国邮政储蓄银行和深圳市投资控股有限公司共同发起设立,首期认缴规模1020亿元,其中中国国新出资360亿元,其余三方分别出资200亿元、300亿元和160亿元。2020年以来,公司新增对国新科创基金二期和国改科技基金投资。

截至2020年年末,基金主要投资项目包括中国石油集团资本股份有限公司、中海恒实业发展有限公司（简称"中海恒实业"）、中国船舶重工股份有限公司、中国石化销售有限公司和中信环境技术有限公司等。

中国国新基金投资业务着力支持中央企业深化改革、创新发展和优化布局,培育孵化前瞻性战略性产业。

一是有力带动各类社会资本。积极对接多层次资本市场,通过债权融资、股权融资等方式引导集聚社会资本,充实国资央企资本实力。截至2022年年底,通过基金出资310亿元带动募资900亿元,通过领投项目90个带动社会资本1172亿元。二是支持高水平科技自立自强。聚焦战略性新兴产业发展和关键核心技术"卡脖子"环节,积极培育新技术新产业新业态。累计投资战略性新兴产业领域项目近270个、金额近2900亿元,实现9个子领域全覆盖。三是助力深化国资国企改革。以市场化方式参与组建国家管网集团,出资支持鞍钢重组本钢,中国电气装备重组整合,东航集团、天翼云股权多元化改革,中国移动、中国海油A股上市战略配售以及中国绿发、中国商飞增资扩股等,合计出资近1000亿元。高效运作双百基金、科改基金、综合改革试验基金群支持国企改革专项工程,3只基金累计投资项目超60个、金额近150亿元。四是服务提高央企上市公司质量。联合中证指数公司共同策划开发"1+N"系列央企指数,在资本市场凝聚了关注、投资实体央企的共识。累计投资A股央企上市公司近220家,聚焦央企核心关键领域加大投资力度,布局25个央企上市公司策源地创新领域、覆盖率达89%。

中国国新基金聚焦落实国家战略、支持科技创新、发挥基金投资功能作用作为工作的出发点和落脚点,引导和带动社会资本向战略性前瞻性领域集中,支持科技创新、国资央企改革发展和转型升级。截至2023年6月底,中国国新基金累计投资战略性新兴产业项目224个,金额超过980亿元,占总投资金额近80%;原创技术策源地项目28个,金额超200亿元,央企产业链"链长"项目28个、金额123亿元。

与追求快进快出的资金相比,中国国新基金推动资本、科技、产业更好融合,将一些尚处早期的战略性新兴产业,孵化成熟后再导入央企产业链。2021年,国新基金投资国仪量子,推动企业探索量子技术在页岩油气等非常规油气领域的应用,相关的产品正在导入国有石油公司的能源勘测产业链,助力中国能源供给安全。

(二)积极发挥直接投资平台作用

国新发展作为中国国新专注中央企业战略性重组、专业化整合、股权多元化改革、混合所有制改革的直接投资业务平台,定位服务央企和自身发展"两个全局",聚焦直投业务、两股事务管理、市场协同职能,推动中国国新资源优化配置和业务协同,打造直接投资、两股事务与市场协同"三位一体"的综合性竞争优势,积极推进落实国家战略、支持服务重要央企国企改革任务,实现国有资本优化配置、保值增值。

国新发展积极发挥支持服务重要国资央企改革任务的直接投资平台作

用,仅在支持中央企业战略性重组、专业化整合和股权多元化改革方面,累计出资超1000亿元。其中,为深化油气行业改革,保障油气安全稳定供应,参与组建国家管网集团;为支持高端装备制造业高质量发展,参与组建中国电气装备集团;参与鞍钢集团股权多元化暨重组本钢项目、中国商飞股权多元化项目、国药集团股权多元化项目、东航集团股权多元化项目等。

(三) 注重基金投资风险防控

中国国新高度重视基金投资的风险防控,采取一系列措施筑牢风险防线。一是制定统一的风控体系和制度框架及指引,并通过法律、审计、风控等手段全面实施风险管理。二是完善项目决策机制,以国风投基金为例,建立了"两层四次"的决策程序,即管理服务人层面的初筛和立项决策,基金层面进行立项和终审决策。国新基金管理公司成立决策委员会在终审决策前对重大项目进行研究审议,以提供决策支撑。三是在基金管理人内部,建立健全制度体系,构筑了风险管控的"三道防线",明确投资团队对项目风险负第一责任;设立独立风险合规团队,形成前后台相互制约机制;设立首席风险官,独立于首席执行官,直接向董事会负责并报告。

(四) 不断提高国有资本配置和运营效率

中国国新股权运作业务主要由全资子公司国新投资负责运营。国新投资主要负责接收国务院国资委无偿划转的中央企业所属上市公司部分股权,依托市场化、专业化的股权运营管理,通过股权运作、价值管理、进退流转等方式,促进国有资本合理流动,有效提高国有资本配置和运营效率。截至2021年9月末,国新投资已累计接收国务院国资委无偿划转的中国交建、招商银行、中国石化、中国石油等多家央企上市公司的股权。

国新投资通过自主投资管理和委托管理等方式盘活央企存量上市公司股权。随着上市公司股权的逐步划入和运作效益提升,国新投资在投资产市值和投资收益快速增长。国新投资通过战略投资成为多家科技创新型央企上市公司的积极股东,并委派董事参与公司治理、提供长期资本和市场资源导入,多维度持续做强做优科技型央企的可持续发展基础。所投资的昊华科技是"科改示范行动"企业,也是国企改革三年行动以来第一单积极股东项目。截至2023年6月底,国新投资已成为50余家央企上市公司前十大显名股东,投资重点战略性新兴领域62家央企集团旗下的165家上市公司。

(五) 助力国家重大决策部署落地

在金融服务方面,中国国新的全资子公司国新资本以产品创新增强金融服务核心功能,更好服务央企产业链供应链安全稳定。经国资委同意,中国国新搭建中央企业金融服务平台,通过国新资本设立运营商业保理、融资租赁、保险经纪、金融科技等4家功能机构,通过新设或并购拥有财务公司、金服公司、大公国际等功能机构,综合运用专业化、多样化的工具手段,积极面向中央企业提供差异化、特色化、数智化、一站式金融服务,推动党中央、国务院"三去一降一补"、供给侧结构性改革等重大决策部署更好地在中央企业落地。通过以融促收、机构保理等创新保理业务模式和"减碳租赁"等创新融资租赁产品,累计为33家"链长"和"策源地"央企提供保理融资租赁服务共计1 114.58亿元,着力帮助央企提升基础固链、深度融合强链、优化能力塑链。

(六) 加快实现国有资本流动与增值

在资产管理方面,中国国新深入开展不良资产接收处置与运营管理,支持央企加快"两非两资"剥离处置、聚焦主责主业。联合大连市有关国企发起设立大连国新资产,获准开展金融企业不良资产批量收购处置业务。

中国国新资产管理业务通过参与推动有关中央企业专业化重组整合、股权多元化改革、化解过剩产能、市场化债转股等,助力中央企业落实重点领域改革和提质增效,实现国有资本的流动和增值。目前公司该项业务主要由公司本部,以及子公司国新国际投资有限公司(简称"国新国际")、中国国新资产管理有限公司(简称"国新资产")、中国华星集团有限公司(简称"华星集团")和中国文化产业发展集团有限公司(简称"中国文发集团")等运营。

公司本部主要参与中央企业股份制改造工作,参股中央企业,优化有关企业公司治理结构和运营机制,根据具体情况采取转让变现、引入战略投资者、股权置换等方式,实现国有资本的流动和增值。2020年9月,中国国新与中国诚通、社保基金会、中保投基金、中投国际、丝路基金共6家投资机构以现金增资方式认购国家石油天然气管网集团有限公司(简称"国家管网集团")股权,以市场化方式入股,参与中国油气管网运营机制市场化改革,投资规模进一步扩大。此外,2020年中国国新新增对中国绿发投资集团有限公司(简称"绿发集团")的投资。2021年以来,公司参与鞍钢集团有限公司股权多元化改革,持股比例为17.83%。

国新资产成立于2018年,是公司资产管理板块的出资平台和持股管理主体之一,目前处于业务发展期,公司正逐步将资产管理板块相关业务注入国新资产进行运营。

华星集团是中国国新旗下主要从事企业管理、改造、发展的策划与咨询、企业资产托管、重组与管理的企业。华星集团在低效无效资产清理处置、代管企业人员安置、改革改制政策的落实、离退休人员管理等方面积累了一套行之有效的办法、机制,具有较为完善、成熟的组织架构和管理运作团队,正在努力打造成为中国国新的低效无效国有资产接收、处置平台。

中国文发集团成立于2003年4月15日,是中央企业系统的大型文化产业集团之一,前身为中国印刷集团公司,由原新闻出版总署所属三家大型印刷企事业单位组建而成,主要从事文创园区、传媒咨询服务、文化产业投资、出版印刷发行、技术研发与应用等经营业务。

(七)不断筑牢国有资本安全防线

中国国新针对运营公司涉及产融领域宽、板块类型多、业态模式新的特点,始终坚持将风险防范摆在重要位置,牢牢守住不发生重大风险的底线。突出防范投资风险。完善财务、法律多维度决策支撑机制,坚持在项目评判中把好技术、财务风险和战略"三关"。制定投资负面清单和对外合资合作准入标准,细化禁止类业务、限制类业务,画出红线、底线。针对新设机构、战略并购、固定资产投资等重要项目开展后评价工作,不断完善基金项目投后复盘机制。科学防范财务风险。建立财务分析月度报告机制,实施总会计师委派制度,建立总部统筹债券发行管理机制,持续优化债务期限结构,2018年以来加权平均融资成本稳步下降。完善司库管理体系,实现资金管理系统在二级企业上线比例近90%,确保资金"看得见、管得住、调得动、用得好"。稳妥防范合规风险。实施总法律顾问和首席风险官"一肩挑",坚持规章制度、经济合同和重要决策三项法律审核100%全覆盖。扎实推进"合规管理强化年"工作,开展全级次合规风险排查,制定风险识别、岗位合规职责、流程管控"三张清单"。有效防范监管风险。坚决抓好审计整改工作,不断加大内部审计监督力度,实现对二级出资企业三年审计全覆盖,建立审计整改与业绩考核挂钩机制,健全违规经营投资责任追究工作体系,"经济体检"作用有效发挥。

参考文献

Ahmed, I., et al, "Towards collaborative robotics in top view surveillance: a framework for multiple object tracking by detection using deep learning", *IEEE/CAA Journal of Automatica Sinica*, Vol. 8, No. 7, 2021, pp. 1253 – 1270.

Barefoot, K., Curtis, D., Jolliff, W., et al, Defining and Measuring the Digital Economy, Washington, D.C.: US Department of Commerce Bureau of Economic Analysis, 2018.

Cennamo, C., "Competing in digital markets: a platform-based perspective", *Academy of Management Perspectives*, Vol. 35, No. 2, July 2019, pp. 265 – 291.

Goldfarb A., Tucker C., "Digital economics", *Journal of Economic Literature*, Vol. 57, No. 1, 2019.

Lipsey, R.G., Carlaw, K.I., Bekar, C.T., "Economic transformations: general purpose technologies and long term economic growth", *RePEc*, 2005.

Majchrzak, A., "Designing for digital transformation: lessons for information systems research for the study of ICT and societal challenges", *Mis Quarterly*, Vol. 40, No. 2, 2016.

OECD, *Measuring the Digital Economy: A New Perspective*, Paris: OECD Publishing, 2014.

U.S. Bureau of Economic Analysis (BEA), *Updated Digital Economy Estimates-June 2021*.

Washington, D.C., https://www.bea.gov/system/files/2021-06/DE%20June%202021%20update%20for%20web%20v3.pdf, June 2021.

布朗温·H.霍尔,内森·罗森伯格:《创新经济学手册(第二卷)》,上海市科学学研究所译,上海交通大学出版社2017年版。

蔡跃洲:《数字经济的增加值及贡献度测算:历史沿革、理论基础与方法框架》,《求是学刊》2018年第5期。

陈春,干春晖:《产业组织优化与产业结构的调整和升级》,《山东工商学院学报》2003年第5期。

何大安:《互联网、数字经济与产业组织变动》,《电子科技大学学报(社科版)》2022年第3期。

洪银兴:《改革开放以来发展理念和相应的经济发展理论的演进——兼论高质量发展的理论渊源》,《经济学动态》2019年第8期。

江小涓:《"十四五"时期数字经济发展趋势与治理重点》,《上海企业》2020年第11期。

金碚:《产业组织规则博弈、协调与平衡》,《经济纵横》2022年第1期。

金碚:《关于"高质量发展"的经济学研究》,《中国工业经济》2018年第4期。

李北伟、宗信、李阳:《产业视角下国内外数字化转型研究:综述及展望》,《科技进步与对策》2022年第2期。

李晓华:《数字经济新特征与数字经济新动能的形成机制》,《改革》2019年第11期。

李伟:《以新一轮改革开放促进中国永续发展》,《中国经济报告》2018年第12期。

李颖:《数字经济趋势下产业组织变革及对策》,《商业经济研究》2021年第13期。

刘志彪:《理解高质量发展:基本特征、支撑要素与当前重点问题》,《学术月刊》2018年第7期。

林毅夫:《改革开放创40年经济增长奇迹》,《中国中小企业》2018年第6期。

马文秀、高周川:《日本制造业数字化转型发展战略》,《现代日本经济》2021年第1期。

苗勃然、周文:《经济高质量发展:理论内涵与实践路径》,《改革与战略》2021第1期。

裴长洪、倪江飞、李越:《数字经济的政治经济学分析》,《财贸经济》2018年第9期。

彭五堂、余斌:《经济高质量发展问题的三级追问》,《理论探索》2019年第3期。

戚聿东、肖旭:《数字经济时代的企业管理变革》,《管理世界》2020年第6期。

戚聿东、肖旭、蔡呈伟:《产业组织的数字化重构》,《北京师范大学学报(社会科学版)》2020年第2期。

任保平、李禹墨:《新时代中国高质量发展评判体系的构建及其转型路径》,《陕西师范大学学报(哲学社会科学版)》2018年第3期。

王琳、姚正海:《数字经济引领我国智慧物流发展研究》,《改革与开放》2022年第5期。

闫长坡:《中国管理咨询业发展趋势分析》,《企业管理》2020年第1期。

余东华、李云汉:《数字经济时代的产业组织创新——以数字技术驱动的产业链群生态体系为例》,《改革》2021年第7期。

袁志刚:《东西方文明下数字经济的垄断共性与分殊》,《探索与争鸣》2021年第2期。

中国信息通信研究院:《全球数字经济新图景(2020年)》,http://www.caict.ac.cn/kxyj/qwfb/bps/202010/P020201014373499777701.pdf,2020年。

周文、李思思:《高质量发展的政治经济学阐释》,《政治经济学评论》2019年第4期。

周振华:《经济高质量发展的新型结构》,《上海经济研究》2018第9期。

张文魁:《数字经济的内生特性与产业组织》,《管理世界》2022年第7期。

张宵:《新发展理念背景下东北地区经济高质量发展问题研究》,博士学位论文,东北财经大学,2019年。

张志元:《我国制造业高质量发展的基本逻辑与现实路径》,《理论探索》2020年第2期。

附录：国有资本投资、运营公司政策文件摘编

中共中央 国务院关于深化国有企业改革的指导意见

(2015年8月24日)

国有企业属于全民所有,是推进国家现代化、保障人民共同利益的重要力量,是我们党和国家事业发展的重要物质基础和政治基础。改革开放以来,国有企业改革发展不断取得重大进展,总体上已经同市场经济相融合,运行质量和效益明显提升,在国际国内市场竞争中涌现出一批具有核心竞争力的骨干企业,为推动经济社会发展、保障和改善民生、开拓国际市场、增强中国综合实力作出了重大贡献,国有企业经营管理者队伍总体上是好的,广大职工付出了不懈努力,成就是突出的。但也要看到,国有企业仍然存在一些亟待解决的突出矛盾和问题,一些企业市场主体地位尚未真正确立,现代企业制度还不健全,国有资产监管体制有待完善,国有资本运行效率需进一步提高;一些企业管理混乱,内部人控制、利益输送、国有资产流失等问题突出,企业办社会职能和历史遗留问题还未完全解决;一些企业党组织管党治党责任不落实、作用被弱化。面向未来,国有企业面临日益激烈的国际竞争和转型升级的巨大挑战。在推动我国经济保持中高速增长和迈向中高端水平、完善和发展中国特色社会主义制度、实现中华民族伟大复兴中国梦的进程中,国有企业肩负着重大历史使命和责任。要认真贯彻落实党中央、国务院战略决策,按照"四个全面"战略布局的要求,以经济建设为中心,坚持问题导向,继续推进国有企业改革,切实破除体制机制障碍,坚定不移做强做优做大国有企业。为此,提出以下意见。

一、总体要求

（一）指导思想

高举中国特色社会主义伟大旗帜,认真贯彻落实党的十八大和十八届三中、四中全会精神,深入学习贯彻习近平总书记系列重要讲话精神,坚持和完善基本经济制度,坚持社会主义市场经济改革方向,适应市场化、现代化、国际化新形势,以解放和发展社会生产力为标准,以提高国有资本效率、增强国有企业活力为中心,完善产权清晰、权责明确、政企分开、管理科学的现代企业制度,完善国有资产监管体制,防止国有资产流失,全面推进依法治企,加强和改进党对国有企业的领导,做强做优做大国有企业,不断增强国有经济活力、控制力、影响力、抗风险能力,主动适应和引领经济发展新常态,为促进经济社会持续健康发展、实现中华民族伟大复兴中国梦作出积极贡献。

（二）基本原则

——坚持和完善基本经济制度。这是深化国有企业改革必须把握的根本要求。必须毫不动摇巩固和发展公有制经济,毫不动摇鼓励、支持、引导非公有制经济发展。坚持公有制主体地位,发挥国有经济主导作用,积极促进国有资本、集体资本、非公有资本等交叉持股、相互融合,推动各种所有制资本取长补短、相互促进、共同发展。

——坚持社会主义市场经济改革方向。这是深化国有企业改革必须遵循的基本规律。国有企业改革要遵循市场经济规律和企业发展规律,坚持政企分开、政资分开、所有权与经营权分离,坚持权利、义务、责任相统一,坚持激励机制和约束机制相结合,促使国有企业真正成为依法自主经营、自负盈亏、自担风险、自我约束、自我发展的独立市场主体。社会主义市场经济条件下的国有企业,要成为自觉履行社会责任的表率。

——坚持增强活力和强化监管相结合。这是深化国有企业改革必须把握的重要关系。增强活力是搞好国有企业的本质要求,加强监管是搞好国有企业的重要保障,要切实做到两者的有机统一。继续推进简政放权,依法落实企业法人财产权和经营自主权,进一步激发企业活力、创造力和市场竞争力。进一步完善国有企业监管制度,切实防止国有资产流失,确保国有资产保值增值。

——坚持党对国有企业的领导。这是深化国有企业改革必须坚守的政治方向、政治原则。要贯彻全面从严治党方针,充分发挥企业党组织政治核心作用,加强企业领导班子建设,创新基层党建工作,深入开展党风廉政建设,坚持全心全意依靠工人阶级,维护职工合法权益,为国有企业改革发展提供坚强有力的政治保证、组织保证和人才支撑。

——坚持积极稳妥统筹推进。这是深化国有企业改革必须采用的科学方法。要正确处理推进改革和坚持法治的关系,正确处理改革发展稳定关系,正确处理搞好顶层设计和尊重基层首创精神的关系,突出问题导向,坚持分类推进,把握好改革的次序、节奏、力度,确保改革扎实推进、务求实效。

(三)主要目标

到2020年,在国有企业改革重要领域和关键环节取得决定性成果,形成更加符合中国基本经济制度和社会主义市场经济发展要求的国有资产管理体制、现代企业制度、市场化经营机制,国有资本布局结构更趋合理,造就一大批德才兼备、善于经营、充满活力的优秀企业家,培育一大批具有创新能力和国际竞争力的国有骨干企业,国有经济活力、控制力、影响力、抗风险能力明显增强。

——国有企业公司制改革基本完成,发展混合所有制经济取得积极进展,法人治理结构更加健全,优胜劣汰、经营自主灵活、内部管理人员能上能下、员工能进能出、收入能增能减的市场化机制更加完善。

——国有资产监管制度更加成熟,相关法律法规更加健全,监管手段和方式不断优化,监管的科学性、针对性、有效性进一步提高,经营性国有资产实现集中统一监管,国有资产保值增值责任全面落实。

——国有资本配置效率显著提高,国有经济布局结构不断优化、主导作用有效发挥,国有企业在提升自主创新能力、保护资源环境、加快转型升级、履行社会责任中的引领和表率作用充分发挥。

——企业党的建设全面加强,反腐倡廉制度体系、工作体系更加完善,国有企业党组织在公司治理中的法定地位更加巩固,政治核心作用充分发挥。

二、分类推进国有企业改革

(四)划分国有企业不同类别。根据国有资本的战略定位和发展目标,结合不同国有企业在经济社会发展中的作用、现状和发展需要,将国有企业分为商业类和公益类。通过界定功能、划分类别,实行分类改革、分类发展、分类监管、分类定责、分类考核,提高改革的针对性、监管的有效性、考核评价的科学性,推动国有企业同市场经济深入融合,促进国有企业经济效益和社会效益有机统一。按照谁出资谁分类的原则,由履行出资人职责的机构负责制定所出资企业的功能界定和分类方案,报本级政府批准。各地区可结合实际,划分并动态调整本地区国有企业功能类别。

（五）推进商业类国有企业改革。商业类国有企业按照市场化要求实行商业化运作,以增强国有经济活力、放大国有资本功能、实现国有资产保值增值为主要目标,依法独立自主开展生产经营活动,实现优胜劣汰、有序进退。

主业处于充分竞争行业和领域的商业类国有企业,原则上都要实行公司制股份制改革,积极引入其他国有资本或各类非国有资本实现股权多元化,国有资本可以绝对控股、相对控股,也可以参股,并着力推进整体上市。对这些国有企业,重点考核经营业绩指标、国有资产保值增值和市场竞争能力。

主业处于关系国家安全、国民经济命脉的重要行业和关键领域、主要承担重大专项任务的商业类国有企业,要保持国有资本控股地位,支持非国有资本参股。对自然垄断行业,实行以政企分开、政资分开、特许经营、政府监管为主要内容的改革,根据不同行业特点实行网运分开、放开竞争性业务,促进公共资源配置市场化;对需要实行国有全资的企业,也要积极引入其他国有资本实行股权多元化;对特殊业务和竞争性业务实行业务板块有效分离,独立运作、独立核算。对这些国有企业,在考核经营业绩指标和国有资产保值增值情况的同时,加强对服务国家战略、保障国家安全和国民经济运行、发展前瞻性战略性产业以及完成特殊任务的考核。

（六）推进公益类国有企业改革。公益类国有企业以保障民生、服务社会、提供公共产品和服务为主要目标,引入市场机制,提高公共服务效率和能力。这类企业可以采取国有独资形式,具备条件的也可以推行投资主体多元化,还可以通过购买服务、特许经营、委托代理等方式,鼓励非国有企业参与经营。对公益类国有企业,重点考核成本控制、产品服务质量、营运效率和保障能力,根据企业不同特点有区别地考核经营业绩指标和国有资产保值增值情况,考核中要引入社会评价。

三、完善现代企业制度

（七）推进公司制股份制改革。加大集团层面公司制改革力度,积极引入各类投资者实现股权多元化,大力推动国有企业改制上市,创造条件实现集团公司整体上市。根据不同企业的功能定位,逐步调整国有股权比例,形成股权结构多元、股东行为规范、内部约束有效、运行高效灵活的经营机制。允许将部分国有资本转化为优先股,在少数特定领域探索建立国家特殊管理股制度。

（八）健全公司法人治理结构。重点是推进董事会建设,建立健全权责对等、运转协调、有效制衡的决策执行监督机制,规范董事长、总经理行权行为,充分发挥董事会的决策作用、监事会的监督作用、经理层的经营管理作用、党组织的政治核心作用,切实解决一些企业董事会形同虚设、"一把手"说了算的问题,实现规范的公司治理。要切实落实和维护董事会依法行使重大决策、选人用人、薪酬分配等权利,保障经理层经营自主权,法无授权任何政府部门和机构不得干预。加强董事会内部的制衡约束,国有独资、全资公司的董事会和监事会均应有职工代表,董事会外部董事应占多数,落实一人一票表决制度,董事对董事会决议承担责任。改进董事会和董事评价办法,强化对董事的考核评价和管理,对重大决策失误负有直接责任的要及时调整或解聘,并依法追究责任。进一步加强外部董事队伍建设,拓宽来源渠道。

（九）建立国有企业领导人员分类分层管理制度。坚持党管干部原则与董事会依法产生、董事会依法选择经营管理者、经营管理者依法行使用人权相结合,不断创新有效实现形式。上级党组织和国有资产监管机构按照管理权限加强对国有企业领导人员的管理,广开推荐渠道,依规考察提名,严格履行选用程序。根据不同企业类别和层级,实行选任制、委任制、聘任制等不同选人用人方式。推行职业经理人制度,实行内部培养和外部引进相结合,畅通现有经营管理者与职业经理人身份转换通道,董事会按市场化方式选聘和管理职业经理人,合理增加市场化选聘比例,加快建立退出机制。推行企业经理层成员任期制和契约化管理,明确责任、权利、义务,严格任期管理和目标考核。

（十）实行与社会主义市场经济相适应的企业薪酬分配制度。企业内部的薪酬分配权是企业的法定权利,由企业依法依规自主决定,完善既有激励又有约束、既讲效率又讲公平、既符合企业一般规律又体现国有企业特点的分配机制。建立健全与劳动力市场基本适应、与企业经济效益和劳动生产率挂钩的工资决定和正常增长机制。推进全员绩效考核,以业绩为导向,科学评价不同岗位员工的贡献,合理拉开收入分配差距,切实做到收入能增能减和奖惩分明,充分调动广大职工积极性。对国有企业领导人员实行与选任方式相匹配、与企业功能性质相适应、与经营业绩相挂钩的差异化薪酬分配办法。对党中央、国务院和地方党委、政府及其部门任命的国有企业领导人员,合理确定基本年薪、绩效年薪和任期激励收入。对市场化选聘的职业经理人实行市场化薪酬分配机制,可以采取多种方式探索完善中长期激励机制。健全与激励机制相对称的经济责任审计、信息披露、延期支付、追索扣回等约束机制。严格规范履职待遇、业务支出,严禁将公款用于个人支出。

(十一)深化企业内部用人制度改革。建立健全企业各类管理人员公开招聘、竞争上岗等制度,对特殊管理人员可以通过委托人才中介机构推荐等方式,拓宽选人用人视野和渠道。建立分级分类的企业员工市场化公开招聘制度,切实做到信息公开、过程公开、结果公开。构建和谐劳动关系,依法规范企业各类用工管理,建立健全以合同管理为核心、以岗位管理为基础的市场化用工制度,真正形成企业各类管理人员能上能下、员工能进能出的合理流动机制。

四、完善国有资产管理体制

(十二)以管资本为主推进国有资产监管机构职能转变。国有资产监管机构要准确把握依法履行出资人职责的定位,科学界定国有资产出资人监管的边界,建立监管权力清单和责任清单,实现以管企业为主向以管资本为主的转变。该管的要科学管理、决不缺位,重点管好国有资本布局、规范资本运作、提高资本回报、维护资本安全;不该管的要依法放权、决不越位,将依法应由企业自主经营决策的事项归位于企业,将延伸到子企业的管理事项原则上归位于一级企业,将配合承担的公共管理职能归位于相关政府部门和单位。大力推进依法监管,着力创新监管方式和手段,改变行政化管理方式,改进考核体系和办法,提高监管的科学性、有效性。

(十三)以管资本为主改革国有资本授权经营体制。改组组建国有资本投资、运营公司,探索有效的运营模式,通过开展投资融资、产业培育、资本整合,推动产业集聚和转型升级,优化国有资本布局结构;通过股权运作、价值管理、有序进退,促进国有资本合理流动,实现保值增值。科学界定国有资本所有权和经营权的边界,国有资产监管机构依法对国有资本投资、运营公司和其他直接监管的企业履行出资人职责,并授权国有资本投资、运营公司对授权范围内的国有资本履行出资人职责。国有资本投资、运营公司作为国有资本市场化运作的专业平台,依法自主开展国有资本运作,对所出资企业行使股东职责,按照责权对应原则切实承担起国有资产保值增值责任。开展政府直接授权国有资本投资、运营公司履行出资人职责的试点。

(十四)以管资本为主推动国有资本合理流动优化配置。坚持以市场为导向、以企业为主体,有进有退、有所为有所不为,优化国有资本布局结构,增强国有经济整体功能和效率。紧紧围绕服务国家战略,落实国家产业政策和重点产业布局调整总体要求,优化国有资本重点投资方向和领域,推动国有资本向关系国家安全、国民经济命脉和国计民生的重要行业和关键领域、重点基础设施集中,向前瞻性战略性产业集中,向具有核心竞争力的优势企业集中。发挥国有资本投资、运营公司的作用,清理退出一批、重组整合一批、创新发展一批国有企业。建立健全优胜劣汰市场化退出机制,充分发挥失业救济和再就业培训等的作用,解决好职工安置问题,切实保障退出企业依法实现关闭或破产,加快处置低效无效资产,淘汰落后产能。支持企业依法合规通过证券交易、产权交易等资本市场,以市场公允价格处置企业资产,实现国有资本形态转换,变现的国有资本用于更需要的领域和行业。推动国有企业加快管理创新、商业模式创新,合理限定法人层级,有效压缩管理层级。发挥国有企业在实施创新驱动发展战略和制造强国战略中的骨干和表率作用,强化企业在技术创新中的主体地位,重视培养科研人才和高技能人才。支持国有企业开展国际化经营,鼓励国有企业之间以及与其他所有制企业以资本为纽带,强强联合、优势互补,加快培育一批具有世界一流水平的跨国公司。

(十五)以管资本为主推进经营性国有资产集中统一监管。稳步将党政机关、事业单位所属企业的国有资本纳入经营性国有资产集中统一监管体系,具备条件的进入国有资本投资、运营公司。加强国有资产基础管理,按照统一制度规范、统一工作体系的原则,抓紧制定企业国有资产基础管理条例。建立覆盖全部国有企业、分级管理的国有资本经营预算管理制度,提高国有资本收益上缴公共财政比例,2020年提高到30%,更多用于保障和改善民生。划转部分国有资本充实社会保障基金。

五、发展混合所有制经济

(十六)推进国有企业混合所有制改革。以促进国有企业转换经营机制,放大国有资本功能,提高国有资本配置和运行效率,实现各种所有制资本取长补短、相互促进、共同发展为目标,稳妥推动国有企业发展混合所有制经济。

对通过实行股份制、上市等途径已经实行混合所有制的国有企业,要着力在完善现代企业制度、提高资本运行效率上下功夫;对于适宜继续推进混合所有制改革的国有企业,要充分发挥市场机制作用,坚持因地施策、因业施策、因企施策,宜独则独、宜控则控、宜参则参,不搞拉郎配,不搞全覆盖,不设时间表,成熟一个推进一个。改革要依法依规、严格程序、公开公正,切实保护混合所有制企业各类出资人的产权权益,杜绝国有资产流失。

(十七)引入非国有资本参与国有企业改革。鼓励非国有资本投资主体通过出资入股、收购股权、认购可转债、股权置换等多种方式,参与国有企业改制重组或国有控股上市公司增资扩股以及企业经营管理。实行同股同权,切实维护各类股东合法权益。在石油、天然气、电力、铁路、电信、资源开发、公用事业等领域,向非国有资本推出符合产业政策、有利于转型升级的项目。依照外商投资产业指导目录和相关安全审查规定,完善外资安全审查工作机制。开展多类型政府和社会资本合作试点,逐步推广政府和社会资本合作模式。

(十八)鼓励国有资本以多种方式入股非国有企业。充分发挥国有资本投资、运营公司的资本运作平台作用,通过市场化方式,以公共服务、高新技术、生态环保、战略性产业为重点领域,对发展潜力大、成长性强的非国有企业进行股权投资。鼓励国有企业通过投资入股、联合投资、重组等多种方式,与非国有企业进行股权融合、战略合作、资源整合。

(十九)探索实行混合所有制企业员工持股。坚持试点先行,在取得经验基础上稳妥有序推进,通过实行员工持股建立激励约束长效机制。优先支持人才资本和技术要素贡献占比较高的转制科研院所、高新技术企业、科技服务型企业开展员工持股试点,支持对企业经营业绩和持续发展有直接或较大影响的科研人员、经营管理人员和业务骨干等持股。员工持股主要采取增资扩股、出资新设等方式。完善相关政策,健全审核程序,规范操作流程,严格资产评估,建立健全股权流转和退出机制,确保员工持股公开透明,严禁暗箱操作,防止利益输送。

六、强化监督防止国有资产流失

(二十)强化企业内部监督。完善企业内部监督体系,明确监事会、审计、纪检监察、巡视以及法律、财务等部门的监督职责,完善监督制度,增强制度执行力。强化对权力集中、资金密集、资源富集、资产聚集的部门和岗位的监督,实行分事行权、分岗设权、分级授权,定期轮岗,强化内部流程控制,防止权力滥用。建立审计部门向董事会负责的工作机制。落实企业内部监事会对董事、经理和其他高级管理人员的监督。进一步发挥企业总法律顾问在经营管理中的法律审核把关作用,推进企业依法经营、合规管理。集团公司要依法依规、尽职尽责加强对子企业的管理和监督。大力推进厂务公开,健全以职工代表大会为基本形式的企业民主管理制度,加强企业职工民主监督。

（二十一）建立健全高效协同的外部监督机制。强化出资人监督,加快国有企业行为规范法律法规制度建设,加强对企业关键业务、改革重点领域、国有资本运营重要环节以及境外国有资产的监督,规范操作流程,强化专业检查,开展总会计师由履行出资人职责机构委派的试点。加强和改进外派监事会制度,明确职责定位,强化与有关专业监督机构的协作,加强当期和事中监督,强化监督成果运用,建立健全核查、移交和整改机制。健全国有资本审计监督体系和制度,实行企业国有资产审计监督全覆盖,建立对企业国有资本的经常性审计制度。加强纪检监察监督和巡视工作,强化对企业领导人员廉洁从业、行使权力等的监督,加大大案要案查处力度,狠抓对存在问题的整改落实。整合出资人监管、外派监事会监督和审计、纪检监察、巡视等监督力量,建立监督工作会商机制,加强统筹,创新方式,共享资源,减少重复检查,提高监督效能。建立健全监督意见反馈整改机制,形成监督工作的闭环。

（二十二）实施信息公开加强社会监督。完善国有资产和国有企业信息公开制度,设立统一的信息公开网络平台,依法依规、及时准确披露国有资本整体运营和监管、国有企业公司治理以及管理架构、经营情况、财务状况、关联交易、企业负责人薪酬等信息,建设阳光国企。认真处理人民群众关于国有资产流失等问题的来信、来访和检举,及时回应社会关切。充分发挥媒体舆论监督作用,有效保障社会公众对企业国有资产运营的知情权和监督权。

（二十三）严格责任追究。建立健全国有企业重大决策失误和失职、渎职责任追究倒查机制,建立和完善重大决策评估、决策事项履职记录、决策过错认定标准等配套制度,严厉查处侵吞、贪污、输送、挥霍国有资产和逃废金融债务的行为。建立健全企业国有资产的监督问责机制,对企业重大违法违纪问题敷衍不追、隐匿不报、查处不力的,严格追究有关人员失职渎职责任,视不同情形给予纪律处分或行政处分,构成犯罪的,由司法机关依法追究刑事责任。

七、加强和改进党对国有企业的领导

（二十四）充分发挥国有企业党组织政治核心作用。把加强党的领导和完善公司治理统一起来，将党建工作总体要求纳入国有企业章程，明确国有企业党组织在公司法人治理结构中的法定地位，创新国有企业党组织发挥政治核心作用的途径和方式。在国有企业改革中坚持党的建设同步谋划、党的组织及工作机构同步设置、党组织负责人及党务工作人员同步配备、党的工作同步开展，保证党组织工作机构健全、党务工作者队伍稳定、党组织和党员作用得到有效发挥。坚持和完善双向进入、交叉任职的领导体制，符合条件的党组织领导班子成员可以通过法定程序进入董事会、监事会、经理层，董事会、监事会、经理层成员中符合条件的党员可以依照有关规定和程序进入党组织领导班子；经理层成员与党组织领导班子成员适度交叉任职；董事长、总经理原则上分设，党组织书记、董事长一般由一人担任。

国有企业党组织要切实承担好、落实好从严管党治党责任。坚持从严治党、思想建党、制度治党，增强管党治党意识，建立健全党建工作责任制，聚精会神抓好党建工作，做到守土有责、守土负责、守土尽责。党组织书记要切实履行党建工作第一责任人职责，党组织班子其他成员要切实履行"一岗双责"，结合业务分工抓好党建工作。中央企业党组织书记同时担任企业其他主要领导职务的，应当设立1名专职抓企业党建工作的副书记。加强国有企业基层党组织建设和党员队伍建设，强化国有企业基层党建工作的基础保障，充分发挥基层党组织战斗堡垒作用、共产党员先锋模范作用。加强企业党组织对群众工作的领导，发挥好工会、共青团等群团组织的作用，深入细致做好职工群众的思想政治工作。把建立党的组织、开展党的工作，作为国有企业推进混合所有制改革的必要前提，根据不同类型混合所有制企业特点，科学确定党组织的设置方式、职责定位、管理模式。

（二十五）进一步加强国有企业领导班子建设和人才队伍建设。根据企业改革发展需要，明确选人用人标准和程序，创新选人用人方式。强化党组织在企业领导人员选拔任用、培养教育、管理监督中的责任，支持董事会依法选择经营管理者、经营管理者依法行使用人权，坚决防止和整治选人用人中的不正之风。加强对国有企业领导人员尤其是主要领导人员的日常监督管理和综合考核评价，及时调整不胜任、不称职的领导人员，切实解决企业领导人员能上不能下的问题。以强化忠诚意识、拓展世界眼光、提高战略思维、增强创新精神、锻造优秀品行为重点，加强企业家队伍建设，充分发挥企业家作用。大力实施人才强企战略，加快建立健全国有企业集聚人才的体制机制。

（二十六）切实落实国有企业反腐倡廉"两个责任"。国有企业党组织要切实履行好主体责任，纪检机构要履行好监督责任。加强党性教育、法治教育、警示教育，引导国有企业领导人员坚定理想信念，自觉践行"三严三实"要求，正确履职行权。建立切实可行的责任追究制度，与企业考核等挂钩，实行"一案双查"。推动国有企业纪律检查工作双重领导体制具体化、程序化、制度化，强化上级纪委对下级纪委的领导。加强和改进国有企业巡视工作，强化对权力运行的监督和制约。坚持运用法治思维和法治方式反腐败，完善反腐倡廉制度体系，严格落实反"四风"规定，努力构筑企业领导人员不敢腐、不能腐、不想腐的有效机制。

八、为国有企业改革创造良好环境条件

（二十七）完善相关法律法规和配套政策。加强国有企业相关法律法规立改废释工作，确保重大改革于法有据。切实转变政府职能，减少审批、优化制度、简化手续、提高效率。完善公共服务体系，推进政府购买服务，加快建立稳定可靠、补偿合理、公开透明的企业公共服务支出补偿机制。完善和落实国有企业重组整合涉及的资产评估增值、土地变更登记和国有资产无偿划转等方面税收优惠政策。完善国有企业退出的相关政策，依法妥善处理劳动关系调整、社会保险关系接续等问题。

（二十八）加快剥离企业办社会职能和解决历史遗留问题。完善相关政策，建立政府和国有企业合理分担成本的机制，多渠道筹措资金，采取分离移交、重组改制、关闭撤销等方式，剥离国有企业职工家属区"三供一业"和所办医院、学校、社区等公共服务机构，继续推进厂办大集体改革，对国有企业退休人员实施社会化管理，妥善解决国有企业历史遗留问题，为国有企业公平参与市场竞争创造条件。

（二十九）形成鼓励改革创新的氛围。坚持解放思想、实事求是，鼓励探索、实践、创新。全面准确评价国有企业，大力宣传中央关于全面深化国有企业改革的方针政策，宣传改革的典型案例和经验，营造有利于国有企业改革的良好舆论环境。

（三十）加强对国有企业改革的组织领导。各级党委和政府要统一思想，以高度的政治责任感和历史使命感，切实履行对深化国有企业改革的领导责任。要根据本指导意见，结合实际制定实施意见，加强统筹协调、明确责任分工、细化目标任务、强化督促落实，确保深化国有企业改革顺利推进，取得实效。

金融、文化等国有企业的改革，中央另有规定的依其规定执行。

国务院关于改革和完善国有资产管理体制的若干意见

国发〔2015〕63号

各省、自治区、直辖市人民政府,国务院各部委、各直属机构:

改革开放以来,我国国有资产管理体制改革稳步推进,国有资产出资人代表制度基本建立,保值增值责任初步得到落实,国有资产规模、利润水平、竞争能力得到较大提升。但必须看到,现行国有资产管理体制中政企不分、政资不分问题依然存在,国有资产监管还存在越位、缺位、错位现象;国有资产监督机制不健全,国有资产流失、违纪违法问题在一些领域和企业比较突出;国有经济布局结构有待进一步优化,国有资本配置效率不高等问题亟待解决。按照《中共中央关于全面深化改革若干重大问题的决定》和国务院有关部署,现就改革和完善国有资产管理体制提出以下意见。

一、总体要求

(一)指导思想。深入贯彻落实党的十八大和十八届二中、三中、四中全会精神,按照党中央、国务院决策部署,坚持和完善社会主义基本经济制度,坚持社会主义市场经济改革方向,尊重市场经济规律和企业发展规律,正确处理好政府与市场的关系,以管资本为主加强国有资产监管,改革国有资本授权经营体制,真正确立国有企业的市场主体地位,推进国有资产监管机构职能转变,适应市场化、现代化、国际化新形势和经济发展新常态,不断增强国有经济活力、控制力、影响力和抗风险能力。

(二)基本原则。

坚持权责明晰。实现政企分开、政资分开、所有权与经营权分离,依法理顺政府与国有企业的出资关系。切实转变政府职能,依法确立国有企业的市场主体地位,建立健全现代企业制度。坚持政府公共管理职能与国有资产出资人职能分开,确保国有企业依法自主经营,激发企业活力、创新力和内生动力。

坚持突出重点。按照市场经济规则和现代企业制度要求,以管资本为主,以资本为纽带,以产权为基础,重点管好国有资本布局、规范资本运作、提高资本回报、维护资本安全。注重通过公司法人治理结构依法行使国有股东权利。

坚持放管结合。按照权责明确、监管高效、规范透明的要求，推进国有资产监管机构职能和监管方式转变。该放的依法放开，切实增强企业活力，提高国有资本运营效率；该管的科学管好，严格防止国有资产流失，确保国有资产保值增值。

坚持稳妥有序。处理好改革、发展、稳定的关系，突出改革和完善国有资产管理体制的系统性、协调性，以重点领域为突破口，先行试点，分步实施，统筹谋划，协同推进相关配套改革。

二、推进国有资产监管机构职能转变

（三）准确把握国有资产监管机构的职责定位。国有资产监管机构作为政府直属特设机构，根据授权代表本级人民政府对监管企业依法履行出资人职责，科学界定国有资产出资人监管的边界，专司国有资产监管，不行使政府公共管理职能，不干预企业自主经营权。以管资本为主，重点管好国有资本布局、规范资本运作、提高资本回报、维护资本安全，更好服务于国家战略目标，实现保值增值。发挥国有资产监管机构专业化监管优势，逐步推进国有资产出资人监管全覆盖。

（四）进一步明确国有资产监管重点。加强战略规划引领，改进对监管企业主业界定和投资并购的管理方式，遵循市场机制，规范调整存量，科学配置增量，加快优化国有资本布局结构。加强对国有资本运营质量及监管企业财务状况的监测，强化国有产权流转环节监管，加大国有产权进场交易力度。按照国有企业的功能界定和类别实行分类监管。改进考核体系和办法，综合考核资本运营质量、效率和收益，以经济增加值为主，并将转型升级、创新驱动、合规经营、履行社会责任等纳入考核指标体系。着力完善激励约束机制，将国有企业领导人员考核结果与职务任免、薪酬待遇有机结合，严格规范国有企业领导人员薪酬分配。建立健全与劳动力市场基本适应，与企业经济效益、劳动生产率挂钩的工资决定和正常增长机制。推动监管企业不断优化公司法人治理结构，把加强党的领导和完善公司治理统一起来，建立国有企业领导人员分类分层管理制度。强化国有资产监督，加强和改进外派监事会制度，建立健全国有企业违法违规经营责任追究体系、国有企业重大决策失误和失职渎职责任追究倒查机制。

（五）推进国有资产监管机构职能转变。围绕增强监管企业活力和提高效率，聚焦监管内容，该管的要科学管理、决不缺位，不该管的要依法放权、决不越位。将国有资产监管机构行使的投资计划、部分产权管理和重大事项决策等出资人权利，授权国有资本投资、运营公司和其他直接监管的企业行使；将依法应由企业自主经营决策的事项归位于企业；加强对企业集团的整体监管，将延伸到子企业的管理事项原则上归位于一级企业，由一级企业依法依规决策；将国有资产监管机构配合承担的公共管理职能，归位于相关政府部门和单位。

（六）改进国有资产监管方式和手段。大力推进依法监管，着力创新监管方式和手段。按照事前规范制度、事中加强监控、事后强化问责的思路，更多运用法治化、市场化的监管方式，切实减少出资人审批核准事项，改变行政化管理方式。通过"一企一策"制定公司章程、规范董事会运作、严格选派和管理股东代表和董事监事，将国有出资人意志有效体现在公司治理结构中。针对企业不同功能定位，在战略规划制定、资本运作模式、人员选用机制、经营业绩考核等方面，实施更加精准有效的分类监管。调整国有资产监管机构内部组织设置和职能配置，建立监管权力清单和责任清单，优化监管流程，提高监管效率。建立出资人监管信息化工作平台，推进监管工作协同，实现信息共享和动态监管。完善国有资产和国有企业信息公开制度，设立统一的信息公开网络平台，在不涉及国家秘密和企业商业秘密的前提下，依法依规及时准确地披露国有资本整体运营情况、企业国有资产保值增值及经营业绩考核总体情况、国有资产监管制度和监督检查情况，以及国有企业公司治理和管理架构、财务状况、关联交易、企业负责人薪酬等信息，建设阳光国企。

三、改革国有资本授权经营体制

（七）改组组建国有资本投资、运营公司。主要通过划拨现有商业类国有企业的国有股权，以及国有资本经营预算注资组建，以提升国有资本运营效率、提高国有资本回报为主要目标，通过股权运作、价值管理、有序进退等方式，促进国有资本合理流动，实现保值增值；或选择具备一定条件的国有独资企业集团改组设立，以服务国家战略、提升产业竞争力为主要目标，在关系国家安全、国民经济命脉的重要行业和关键领域，通过开展投资融资、产业培育和资本整合等，推动产业集聚和转型升级，优化国有资本布局结构。

（八）明确国有资产监管机构与国有资本投资、运营公司关系。政府授权国有资产监管机构依法对国有资本投资、运营公司履行出资人职责。国有资产监管机构按照"一企一策"原则，明确对国有资本投资、运营公司授权的内容、范围和方式，依法落实国有资本投资、运营公司董事会职权。国有资本投资、运营公司对授权范围内的国有资本履行出资人职责，作为国有资本市场化运作的专业平台，依法自主开展国有资本运作，对所出资企业行使股东职责，维护股东合法权益，按照责权对应原则切实承担起国有资产保值增值责任。

（九）界定国有资本投资、运营公司与所出资企业关系。国有资本投资、运营公司依据公司法等相关法律法规，对所出资企业依法行使股东权利，以出资额为限承担有限责任。以财务性持股为主，建立财务管控模式，重点关注国有资本流动和增值状况；或以对战略性核心业务控股为主，建立以战略目标和财务效益为主的管控模式，重点关注所出资企业执行公司战略和资本回报状况。

（十）开展政府直接授权国有资本投资、运营公司履行出资人职责的试点工作。中央层面开展由国务院直接授权国有资本投资、运营公司试点等工作。地方政府可以根据实际情况，选择开展直接授权国有资本投资、运营公司试点工作。

四、提高国有资本配置和运营效率

（十一）建立国有资本布局和结构调整机制。政府有关部门制定完善经济社会发展规划、产业政策和国有资本收益管理规则。国有资产监管机构根据政府宏观政策和有关管理要求，建立健全国有资本进退机制，制定国有资本投资负面清单，推动国有资本更多投向关系国家安全、国民经济命脉和国计民生的重要行业和关键领域。

（十二）推进国有资本优化重组。坚持以市场为导向、以企业为主体，有进有退、有所为有所不为，优化国有资本布局结构，提高国有资本流动性，增强国有经济整体功能和提升效率。按照国有资本布局结构调整要求，加快推动国有资本向重要行业、关键领域、重点基础设施集中，向前瞻性战略性产业集中，向产业链关键环节和价值链高端领域集中，向具有核心竞争力的优势企业集中。清理退出一批、重组整合一批、创新发展一批国有企业，建立健全优胜劣汰市场化退出机制，加快淘汰落后产能和化解过剩产能，处置低效无效资产。推动国有企业加快技术创新、管理创新和商业模式创新。推进国有资本控股经营的自然垄断行业改革，根据不同行业特点放开竞争性业务，实现国有资本和社会资本更好融合。

（十三）建立健全国有资本收益管理制度。财政部门会同国有资产监管机构等部门建立覆盖全部国有企业、分级管理的国有资本经营预算管理制度，根据国家宏观调控和国有资本布局结构调整要求，提出国有资本收益上交比例建议，报国务院批准后执行。在改组组建国有资本投资、运营公司以及实施国有企业重组过程中，国家根据需要将部分国有股权划转社会保障基金管理机构持有，分红和转让收益用于弥补养老等社会保障资金缺口。

五、协同推进相关配套改革

（十四）完善有关法律法规。健全国有资产监管法律法规体系，做好相关法律法规的立改废释工作。按照立法程序，抓紧推动开展企业国有资产法修订工作，出台相关配套法规，为完善国有资产管理体制夯实法律基础。根据国有企业公司制改革进展情况，推动适时废止全民所有制工业企业法。研究起草企业国有资产基础管理条例，统一管理规则。

（十五）推进政府职能转变。进一步减少行政审批事项，大幅度削减政府通过国有企业行政性配置资源事项，区分政府公共管理职能与国有资产出资人管理职能，为国有资产管理体制改革完善提供环境条件。推进自然垄断行业改革，实行网运分开、特许经营。加快推进价格机制改革，严格规范政府定价行为，完善市场发现、形成价格的机制。推进行政性垄断行业成本公开、经营透明，发挥社会监督作用。

（十六）落实相关配套政策。落实和完善国有企业重组整合涉及的资产评估增值、土地变更登记和国有资产无偿划转等方面税收优惠政策，切实明确国有企业改制重组过程中涉及的债权债务承接主体和责任，完善国有企业退出的相关政策，依法妥善处理劳动关系调整和社会保险关系接续等相关问题。

（十七）妥善解决历史遗留问题。加快剥离企业办社会职能，针对"三供一业"（供水、供电、供热和物业管理）、离退休人员社会化管理、厂办大集体改革等问题，制定统筹规范、分类施策的措施，建立政府和国有企业合理分担成本的机制。国有资本经营预算支出优先用于解决国有企业历史遗留问题。

（十八）稳步推进经营性国有资产集中统一监管。按照依法依规、分类推进、规范程序、市场运作的原则,以管资本为主,稳步将党政机关、事业单位所属企业的国有资本纳入经营性国有资产集中统一监管体系,具备条件的进入国有资本投资、运营公司。

金融、文化等国有企业的改革,中央另有规定的依其规定执行。

各地区要结合本地实际,制定具体改革实施方案,确保国有资产管理体制改革顺利进行,全面完成各项改革任务。

国务院

2015年10月25日

国务院关于推进国有资本投资、运营公司
改革试点的实施意见

国发〔2018〕23号

各省、自治区、直辖市人民政府，国务院各部委、各直属机构：

改组组建国有资本投资、运营公司，是以管资本为主改革国有资本授权经营体制的重要举措。按照《中共中央 国务院关于深化国有企业改革的指导意见》《国务院关于改革和完善国有资产管理体制的若干意见》有关要求和党中央、国务院工作部署，为加快推进国有资本投资、运营公司改革试点工作，现提出以下实施意见。

一、总体要求

（一）指导思想。

全面贯彻党的十九大和十九届二中、三中全会精神，以习近平新时代中国特色社会主义思想为指导，坚持社会主义市场经济改革方向，坚定不移加强党对国有企业的领导，着力创新体制机制，完善国有资产管理体制，深化国有企业改革，促进国有资产保值增值，推动国有资本做强做优做大，有效防止国有资产流失，切实发挥国有企业在深化供给侧结构性改革和推动经济高质量发展中的带动作用。

（二）试点目标。

通过改组组建国有资本投资、运营公司，构建国有资本投资、运营主体，改革国有资本授权经营体制，完善国有资产管理体制，实现国有资本所有权与企业经营权分离，实行国有资本市场化运作。发挥国有资本投资、运营公司平台作用，促进国有资本合理流动，优化国有资本投向，向重点行业、关键领域和优势企业集中，推动国有经济布局优化和结构调整，提高国有资本配置和运营效率，更好服务国家战略需要。试点先行，大胆探索，及时研究解决改革中的重点难点问题，尽快形成可复制、可推广的经验和模式。

（三）基本原则。

坚持党的领导。建立健全中国特色现代国有企业制度，把党的领导融入

公司治理各环节,把企业党组织内嵌到公司治理结构之中,明确和落实党组织在公司法人治理结构中的法定地位,充分发挥党组织的领导作用,确保党和国家方针政策、重大决策部署的贯彻执行。

坚持体制创新。以管资本为主加强国有资产监管,完善国有资本投资运营的市场化机制。科学合理界定政府及国有资产监管机构,国有资本投资、运营公司和所持股企业的权利边界,健全权责利相统一的授权链条,进一步落实企业市场主体地位,培育具有创新能力和国际竞争力的国有骨干企业。

坚持优化布局。通过授权国有资本投资、运营公司履行出资人职责,促进国有资本合理流动,优化国有资本布局,使国有资本投资、运营更好地服务于国家战略目标。

坚持强化监督。正确处理好授权经营和加强监督的关系,明确监管职责,构建并强化政府监督、纪检监察监督、出资人监督和社会监督的监督体系,增强监督的协同性、针对性和有效性,防止国有资产流失。

二、试点内容

(一)功能定位。

国有资本投资、运营公司均为在国家授权范围内履行国有资本出资人职责的国有独资公司,是国有资本市场化运作的专业平台。公司以资本为纽带、以产权为基础依法自主开展国有资本运作,不从事具体生产经营活动。国有资本投资、运营公司对所持股企业行使股东职责,维护股东合法权益,以出资额为限承担有限责任,按照责权对应原则切实承担优化国有资本布局、提升国有资本运营效率、实现国有资产保值增值等责任。

国有资本投资公司主要以服务国家战略、优化国有资本布局、提升产业竞争力为目标,在关系国家安全、国民经济命脉的重要行业和关键领域,按照政府确定的国有资本布局和结构优化要求,以对战略性核心业务控股为主,通过开展投资融资、产业培育和资本运作等,发挥投资引导和结构调整作用,推动产业集聚、化解过剩产能和转型升级,培育核心竞争力和创新能力,积极参与国际竞争,着力提升国有资本控制力、影响力。

国有资本运营公司主要以提升国有资本运营效率、提高国有资本回报为目标,以财务性持股为主,通过股权运作、基金投资、培育孵化、价值管理、有序进退等方式,盘活国有资产存量,引导和带动社会资本共同发展,实现国有资本合理流动和保值增值。

（二）组建方式。

按照国家确定的目标任务和布局领域，国有资本投资、运营公司可采取改组和新设两种方式设立。根据国有资本投资、运营公司的具体定位和发展需要，通过无偿划转或市场化方式重组整合相关国有资本。

划入国有资本投资、运营公司的资产，为现有企业整体股权（资产）或部分股权。股权划入后，按现行政策加快剥离国有企业办社会职能和解决历史遗留问题，采取市场化方式处置不良资产和业务等。股权划入涉及上市公司的，应符合证券监管相关规定。

（三）授权机制。

按照国有资产监管机构授予出资人职责和政府直接授予出资人职责两种模式开展国有资本投资、运营公司试点。

1. 国有资产监管机构授权模式。政府授权国有资产监管机构依法对国有资本投资、运营公司履行出资人职责；国有资产监管机构根据国有资本投资、运营公司具体定位和实际情况，按照"一企一策"原则，授权国有资本投资、运营公司履行出资人职责，制定监管清单和责任清单，明确对国有资本投资、运营公司的监管内容和方式，依法落实国有资本投资、运营公司董事会职权。国有资本投资、运营公司对授权范围内的国有资本履行出资人职责。国有资产监管机构负责对国有资本投资、运营公司进行考核和评价，并定期向本级人民政府报告，重点说明所监管国有资本投资、运营公司贯彻国家战略目标、国有资产保值增值等情况。

2. 政府直接授权模式。政府直接授权国有资本投资、运营公司对授权范围内的国有资本履行出资人职责。国有资本投资、运营公司根据授权自主开展国有资本运作，贯彻落实国家战略和政策目标，定期向政府报告年度工作情况，重大事项及时报告。政府直接对国有资本投资、运营公司进行考核和评价等。

（四）治理结构。

国有资本投资、运营公司不设股东会，由政府或国有资产监管机构行使股东会职权，政府或国有资产监管机构可以授权国有资本投资、运营公司董事会行使股东会部分职权。按照中国特色现代国有企业制度的要求，国有资本投资、运营公司设立党组织、董事会、经理层，规范公司治理结构，建立健全权责对等、运转协调、有效制衡的决策执行监督机制，充分发挥党组织的领导作用、董事会的决策作用、经理层的经营管理作用。

1. 党组织。把加强党的领导和完善公司治理统一起来，充分发挥党组织把方向、管大局、保落实的作用。坚持党管干部原则与董事会依法产生、董事会依法选择经营管理者、经营管理者依法行使用人权相结合。按照"双向进入、交叉任职"的原则，符合条件的党组织领导班子成员可以通过法定程序进入董事会、经理层，董事会、经理层成员中符合条件的党员可以依照有关规定和程序进入党组织领导班子。党组织书记、董事长一般由同一人担任。对于重大经营管理事项，党组织研究讨论是董事会、经理层决策的前置程序。国务院直接授权的国有资本投资、运营公司，应当设立党组。纪检监察机关向国有资本投资、运营公司派驻纪检监察机构。

2. 董事会。国有资本投资、运营公司设立董事会，根据授权，负责公司发展战略和对外投资，经理层选聘、业绩考核、薪酬管理，向所持股企业派出董事等事项。董事会成员原则上不少于9人，由执行董事、外部董事、职工董事组成。保障国有资本投资、运营公司按市场化方式选择外部董事等权利，外部董事应在董事会中占多数，职工董事由职工代表大会选举产生。董事会设董事长1名，可设副董事长。董事会下设战略与投资委员会、提名委员会、薪酬与考核委员会、审计委员会、风险控制委员会等专门委员会。专门委员会在董事会授权范围内开展相关工作，协助董事会履行职责。

国有资产监管机构授权的国有资本投资、运营公司的执行董事、外部董事由国有资产监管机构委派。其中，外部董事由国有资产监管机构根据国有资本投资、运营公司董事会结构需求，从专职外部董事中选择合适人员担任。董事长、副董事长由国有资产监管机构从董事会成员中指定。

政府直接授权的国有资本投资、运营公司执行董事、外部董事（股权董事）由国务院或地方人民政府委派，董事长、副董事长由国务院或地方人民政府从董事会成员中指定。其中，依据国有资本投资、运营公司职能定位，外部董事主要由政府综合管理部门和相关行业主管部门提名，选择专业人士担任，由政府委派。外部董事可兼任董事会下属专门委员会主席，按照公司治理结构的议事规则对国有资本投资、运营公司的重大事项发表相关领域专业意见。

政府或国有资产监管机构委派外部董事要注重拓宽外部董事来源，人员选择要符合国有资本投资、运营公司定位和专业要求，建立外部董事评价机制，确保充分发挥外部董事作用。

3. 经理层。国有资本投资、运营公司的经理层根据董事会授权负责国有资本日常投资运营。董事长与总经理原则上不得由同一人担任。

国有资产监管机构授权的国有资本投资、运营公司党组织隶属中央、地方党委或国有资产监管机构党组织管理，领导班子及其成员的管理，以改组的企业集团为基础，根据具体情况区别对待。其中，由中管企业改组组建的国有资本投资、运营公司，领导班子及其成员由中央管理；由非中管的中央企业改组组建或新设的国有资本投资、运营公司，领导班子及其成员的管理按照干部管理权限确定。

政府直接授权的国有资本投资、运营公司党组织隶属中央或地方党委管理，领导班子及其成员由中央或地方党委管理。

国有资本投资、运营公司董事长、董事（外部董事除外）、高级经理人员，原则上不得在其他有限责任公司、股份有限公司或者其他经济组织兼职。

（五）运行模式

1. 组织架构。国有资本投资、运营公司要按照市场化、规范化、专业化的管理导向，建立职责清晰、精简高效、运行专业的管控模式，分别结合职能定位具体负责战略规划、制度建设、资源配置、资本运营、财务监管、风险管控、绩效评价等事项。

2. 履职行权。国有资本投资、运营公司应积极推动所持股企业建立规范、完善的法人治理结构，并通过股东大会表决、委派董事和监事等方式行使股东权利，形成以资本为纽带的投资与被投资关系，协调和引导所持股企业发展，实现有关战略意图。国有资本投资、运营公司委派的董事、监事要依法履职行权，对企业负有忠实义务和勤勉义务，切实维护股东权益，不干预所持股企业日常经营。

3. 选人用人机制。国有资本投资、运营公司要建立派出董事、监事候选人员库，由董事会下设的提名委员会根据拟任职公司情况提出差额适任人选，报董事会审议、任命。同时，要加强对派出董事、监事的业务培训、管理和考核评价。

4. 财务监管。国有资本投资、运营公司应当严格按照国家有关财务制度规定，加强公司财务管理，防范财务风险。督促所持股企业加强财务管理，落实风险管控责任，提高运营效率。

5. 收益管理。国有资本投资、运营公司以出资人身份，按照有关法律法规和公司章程，对所持股企业的利润分配进行审议表决，及时收取分红，并依规上交国有资本收益和使用管理留存收益。

6. 考核机制。国有资本投资公司建立以战略目标和财务效益为主的管控模式,对所持股企业考核侧重于执行公司战略和资本回报状况。国有资本运营公司建立财务管控模式,对所持股企业考核侧重于国有资本流动和保值增值状况。

(六)监督与约束机制。

1. 完善监督体系。整合出资人监管和审计、纪检监察、巡视等监督力量,建立监督工作会商机制,按照事前规范制度、事中加强监控、事后强化问责的原则,加强对国有资本投资、运营公司的统筹监督,提高监督效能。纪检监察机构加强对国有资本投资、运营公司党组织、董事会、经理层的监督,强化对国有资本投资、运营公司领导人员廉洁从业、行使权力等的监督。国有资本投资、运营公司要建立内部常态化监督审计机制和信息公开制度,加强对权力集中、资金密集、资源富集、资产聚集等重点部门和岗位的监管,在不涉及国家秘密和企业商业秘密的前提下,依法依规、及时准确地披露公司治理以及管理架构、国有资本整体运营状况、关联交易、企业负责人薪酬等信息,建设阳光国企,主动接受社会监督。

2. 实施绩效评价。国有资本投资、运营公司要接受政府或国有资产监管机构的综合考核评价。考核评价内容主要包括贯彻国家战略、落实国有资本布局和结构优化目标、执行各项法律法规制度和公司章程,重大问题决策和重要干部任免,国有资本运营效率、保值增值、财务效益等方面。

三、实施步骤

国有资本投资、运营公司试点工作应分级组织、分类推进、稳妥开展,并根据试点进展情况及时总结推广有关经验。中央层面,继续推进国有资产监管机构授权的国有资本投资、运营公司深化试点,并结合本实施意见要求不断完善试点工作。同时推进国务院直接授权的国有资本投资、运营公司试点,选择由财政部履行国有资产监管职责的中央企业以及中央党政机关和事业单位经营性国有资产集中统一监管改革范围内的企业稳步开展。地方层面,试点工作由各省级人民政府结合实际情况组织实施。

四、配套政策

(一)推进简政放权。围绕落实出资人职责的定位,有序推进对国有资本投资、运营公司的放权。将包括国有产权流转等决策事项的审批权、经营班子业绩考核和薪酬管理权等授予国有资本投资、运营公司,相关管理要求和运行规则通过公司组建方案和公司章程予以明确。

(二)综合改革试点。国有资本投资、运营公司所持股国有控股企业中,符合条件的可优先支持同时开展混合所有制改革、混合所有制企业员工持股、推行职业经理人制度、薪酬分配差异化改革等其他改革试点,充分发挥各项改革工作的综合效应。

(三)完善支持政策。严格落实国有企业重组整合涉及的资产评估增值、土地变更登记和国有资产无偿划转等方面税收优惠政策。简化工商税务登记、变更程序。鼓励国有资本投资、运营公司妥善解决历史遗留问题、处置低效无效资产。制定国有资本投资、运营公司的国有资本经营预算收支管理政策。

五、组织实施

加快推进国有资本投资、运营公司改革试点,是深化国有企业改革的重要组成部分,是改革和完善国有资产管理体制的重要举措。国务院国有企业改革领导小组负责国有资本投资、运营公司试点工作的组织协调和督促落实。中央组织部、国家发展改革委、财政部、人力资源社会保障部、国务院国资委等部门按照职责分工制定落实相关配套措施,密切配合、协同推进试点工作。中央层面的国有资本投资、运营公司试点方案,按程序报党中央、国务院批准后实施。

各省级人民政府对本地区国有资本投资、运营公司试点工作负总责,要紧密结合本地区实际情况,制定本地区国有资本投资、运营公司改革试点实施方案,积极稳妥组织开展试点工作。各省级人民政府要将本地区改革试点实施方案报国务院国有企业改革领导小组备案。

国务院
2018 年 7 月 14 日

改革国有资本授权经营体制方案

按照党中央、国务院关于深化国有企业改革的决策部署,近年来,履行国有资本出资人职责的部门及机构(以下称出资人代表机构)坚持以管资本为主积极推进职能转变,制定并严格执行监管权力清单和责任清单,取消、下放、授权一批工作事项,监管效能有效提升,国有资产管理体制不断完善。但也要看到,政企不分、政资不分的问题依然存在,出资人代表机构与国家出资企业之间权责边界不够清晰,国有资产监管越位、缺位、错位的现象仍有发生,国有资本运行效率有待进一步提高。党中央、国务院对此高度重视,党的十九大明确提出,要完善各类国有资产管理体制,改革国有资本授权经营体制。为贯彻落实党的十九大精神,加快推进国有资本授权经营体制改革,进一步完善国有资产管理体制,推动国有经济布局结构调整,打造充满生机活力的现代国有企业,现提出以下方案。

一、总体要求

(一)指导思想。以习近平新时代中国特色社会主义思想为指导,全面贯彻党的十九大和十九届二中、三中全会精神,坚持和加强党的全面领导,坚持和完善社会主义基本经济制度,坚持社会主义市场经济改革方向,以管资本为主加强国有资产监管,切实转变出资人代表机构职能和履职方式,实现授权与监管相结合、放活与管好相统一,切实保障国有资本规范有序运行,促进国有资本做强做优做大,不断增强国有经济活力、控制力、影响力和抗风险能力,培育具有全球竞争力的世界一流企业。

(二)基本原则。

——坚持党的领导。将坚持和加强党对国有企业的领导贯穿国有资本授权经营体制改革全过程和各方面,充分发挥党组织的领导作用,确保国有企业更好地贯彻落实党和国家方针政策、重大决策部署。

——坚持政企分开政资分开。坚持政府公共管理职能与国有资本出资人职能分开,依法理顺政府与国有企业的出资关系,依法确立国有企业的市场主体地位,最大限度减少政府对市场活动的直接干预。

——坚持权责明晰分类授权。政府授权出资人代表机构按照出资比例对国家出资企业履行出资人职责，科学界定出资人代表机构权责边界。国有企业享有完整的法人财产权和充分的经营自主权，承担国有资产保值增值责任。按照功能定位、治理能力、管理水平等企业发展实际情况，一企一策地对国有企业分类授权，做到权责对等、动态调整。

　　——坚持放管结合完善机制。加快调整优化出资人代表机构职能和履职方式，加强清单管理和事中事后监管，该放的放权到位、该管的管住管好。建立统一规范的国有资产监管制度体系，精简监管事项，明确监管重点，创新监管手段，提升监管水平，防止国有资产流失，确保国有资产保值增值。

　　（三）主要目标。出资人代表机构加快转变职能和履职方式，切实减少对国有企业的行政干预。国有企业依法建立规范的董事会，董事会职权得到有效落实。将更多具备条件的中央企业纳入国有资本投资、运营公司试点范围，赋予企业更多经营自主权。到2022年，基本建成与中国特色现代国有企业制度相适应的国有资本授权经营体制，出资人代表机构与国家出资企业的权责边界界定清晰，授权放权机制运行有效，国有资产监管实现制度完备、标准统一、管理规范、实时在线、精准有力，国有企业的活力、创造力、市场竞争力和风险防控能力明显增强。

二、优化出资人代表机构履职方式

　　国务院授权国资委、财政部及其他部门、机构作为出资人代表机构，对国家出资企业履行出资人职责。出资人代表机构作为授权主体，要依法科学界定职责定位，加快转变履职方式，依据股权关系对国家出资企业开展授权放权。

　　（一）实行清单管理。制定出台出资人代表机构监管权力责任清单，清单以外事项由企业依法自主决策，清单以内事项要大幅减少审批或事前备案。将依法应由企业自主经营决策的事项归位于企业，将延伸到子企业的管理事项原则上归位于一级企业，原则上不干预企业经理层和职能部门的管理工作，将配合承担的公共管理职能归位于相关政府部门和单位。

　　（二）强化章程约束。依法依规、一企一策地制定公司章程，规范出资人代表机构、股东会、党组织、董事会、经理层和职工代表大会的权责，推动各治理主体严格依照公司章程行使权利、履行义务，充分发挥公司章程在公司治理中的基础作用。

（三）发挥董事作用。出资人代表机构主要通过董事体现出资人意志，依据股权关系向国家出资企业委派董事或提名董事人选，规范董事的权利和责任，明确工作目标和重点；建立出资人代表机构与董事的沟通对接平台，建立健全董事人才储备库和董事选聘、考评与培训机制，完善董事履职报告、董事会年度工作报告制度。

（四）创新监管方式。出资人代表机构以企业功能分类为基础，对国家出资企业进行分类管理、分类授权放权，切实转变行政化的履职方式，减少审批事项，强化事中事后监管，充分运用信息化手段，减轻企业工作负担，不断提高监管效能。

三、分类开展授权放权

出资人代表机构对国有资本投资、运营公司及其他商业类企业（含产业集团，下同）、公益类企业等不同类型企业给予不同范围、不同程度的授权放权，定期评估效果，采取扩大、调整或收回等措施动态调整。

（一）国有资本投资、运营公司。出资人代表机构根据《国务院关于推进国有资本投资、运营公司改革试点的实施意见》（国发〔2018〕23号）有关要求，结合企业发展阶段、行业特点、治理能力、管理基础等，一企一策有侧重、分先后地向符合条件的企业开展授权放权，维护好股东合法权益。授权放权内容主要包括战略规划和主业管理、选人用人和股权激励、工资总额和重大财务事项管理等，亦可根据企业实际情况增加其他方面授权放权内容。

战略规划和主业管理。授权国有资本投资、运营公司根据出资人代表机构的战略引领，自主决定发展规划和年度投资计划。国有资本投资公司围绕主业开展的商业模式创新业务可视同主业投资。授权国有资本投资、运营公司依法依规审核国有资本投资、运营公司之间的非上市公司产权无偿划转、非公开协议转让、非公开协议增资、产权置换等事项。

选人用人和股权激励。授权国有资本投资、运营公司董事会负责经理层选聘、业绩考核和薪酬管理（不含中管企业），积极探索董事会通过差额方式选聘经理层成员，推行职业经理人制度，对市场化选聘的职业经理人实行市场化薪酬分配制度，完善中长期激励机制。授权国有资本投资、运营公司董事会审批子企业股权激励方案，支持所出资企业依法合规采用股票期权、股票增值权、限制性股票、分红权、员工持股以及其他方式开展股权激励，股权激励预期收益作为投资性收入，不与其薪酬总水平挂钩。支持国有创业投资企业、创业投资管理企业等新产业、新业态、新商业模式类企业的核心团队持股和跟投。

工资总额和重大财务事项管理。国有资本投资、运营公司可以实行工资总额预算备案制，根据企业发展战略和薪酬策略、年度生产经营目标和经济效益，综合考虑劳动生产率提高和人工成本投入产出率、职工工资水平市场对标等情况，结合政府职能部门发布的工资指导线，编制年度工资总额预算。授权国有资本投资、运营公司自主决策重大担保管理、债务风险管控和部分债券类融资事项。

政府直接授权的国有资本投资、运营公司按照有关规定对授权范围内的国有资本履行出资人职责，遵循有关法律和证券市场监管规定开展国有资本运作。

（二）其他商业类企业和公益类企业。对未纳入国有资本投资、运营公司试点的其他商业类企业和公益类企业，要充分落实企业的经营自主权，出资人代表机构主要对集团公司层面实施监管或依据股权关系参与公司治理，不干预集团公司以下各级企业生产经营具体事项。对其中已完成公司制改制、董事会建设较规范的企业，要逐步落实董事会职权，维护董事会依法行使重大决策、选人用人、薪酬分配等权利，明确由董事会自主决定公司内部管理机构设置、基本管理制度制定、风险内控和法律合规管理体系建设以及履行对所出资企业的股东职责等事项。

四、加强企业行权能力建设

指导推动国有企业进一步完善公司治理体系，强化基础管理，优化集团管控，确保各项授权放权接得住、行得稳。

（一）完善公司治理。按照建设中国特色现代国有企业制度的要求，把加强党的领导和完善公司治理统一起来，加快形成有效制衡的公司法人治理结构、灵活高效的市场化经营机制。建设规范高效的董事会，完善董事会运作机制，提升董事会履职能力，激发经理层活力。要在所出资企业积极推行经理层市场化选聘和契约化管理，明确聘期以及企业与经理层成员双方的权利与责任，强化刚性考核，建立退出机制。

（二）夯实管理基础。按照统一制度规范、统一工作体系的原则，加强国有资产基础管理。推进管理创新，优化总部职能和管理架构。深化企业内部三项制度改革，实现管理人员能上能下、员工能进能出、收入能增能减。不断强化风险防控体系和内控机制建设，完善内部监督体系，有效发挥企业职工代表大会和内部审计、巡视、纪检监察等部门的监督作用。

（三）优化集团管控。国有资本投资公司以对战略性核心业务控股为主，建立以战略目标和财务效益为主的管控模式，重点关注所出资企业执行公司战略和资本回报状况。国有资本运营公司以财务性持股为主，建立财务管控模式，重点关注国有资本流动和增值状况。其他商业类企业和公益类企业以对核心业务控股为主，建立战略管控和运营管控相结合的模式，重点关注所承担国家战略使命和保障任务的落实状况。

（四）提升资本运作能力。国有资本投资、运营公司作为国有资本市场化运作的专业平台，以资本为纽带、以产权为基础开展国有资本运作。在所出资企业积极发展混合所有制，鼓励有条件的企业上市，引进战略投资者，提高资本流动性，放大国有资本功能。增强股权运作、价值管理等能力，通过清理退出一批、重组整合一批、创新发展一批，实现国有资本形态转换，变现后投向更需要国有资本集中的行业和领域。

五、完善监督监管体系

通过健全制度、创新手段，整合监督资源，严格责任追究，实现对国有资本的全面有效监管，切实维护国有资产安全，坚决防止国有资产流失。

（一）搭建实时在线的国资监管平台。出资人代表机构要加快优化监管流程、创新监管手段，充分运用信息技术，整合包括产权、投资和财务等在内的信息系统，搭建连通出资人代表机构与企业的网络平台，实现监管信息系统全覆盖和实时在线监管。建立模块化、专业化的信息采集、分析和报告机制，加强信息共享，增强监管的针对性和及时性。

（二）统筹协同各类监督力量。加强国有企业内部监督、出资人监督和审计、纪检监察、巡视监督以及社会监督，结合中央企业纪检监察机构派驻改革的要求，依照有关规定清晰界定各类监督主体的监督职责，有效整合企业内外部监督资源，增强监督工作合力，形成监督工作闭环，加快建立全面覆盖、分工明确、协同配合、制约有力的国有资产监督体系，切实增强监督有效性。

（三）健全国有企业违规经营投资责任追究制度。明确企业作为维护国有资产安全、防止流失的责任主体，健全内部管理制度，严格执行国有企业违规经营投资责任追究制度。建立健全分级分层、有效衔接、上下贯通的责任追究工作体系，严格界定违规经营投资责任，严肃追究问责，实行重大决策终身责任追究制度。

六、坚持和加强党的全面领导

将坚持和加强党的全面领导贯穿改革的全过程和各方面，在思想上政治上行动上同党中央保持高度一致，为改革提供坚强有力的政治保证。

（一）加强对授权放权工作的领导。授权主体的党委（党组）要加强对授权放权工作的领导，深入研究授权放权相关问题，加强行权能力建设，加快完善有效监管体制，抓研究谋划、抓部署推动、抓督促落实，确保中央关于国有资本授权经营体制改革的决策部署落实到位。

（二）改进对企业党建工作的领导、指导和督导。上级党组织加强对国有企业党建工作的领导，出资人代表机构党组织负责国家出资企业党的建设。国家出资企业党组织要认真落实党中央、上级党组织、出资人代表机构党组织在党的领导、党的建设方面提出的工作要求。在改组组建国有资本投资、运营公司过程中，按照"四同步"、"四对接"的要求调整和设置党的组织、开展党的工作，确保企业始终在党的领导下开展工作。

（三）充分发挥企业党组织的领导作用。企业党委（党组）要切实发挥领导作用，把方向、管大局、保落实，依照有关规定讨论和决定企业重大事项，并作为董事会、经理层决策重大事项的前置程序。要妥善处理好各治理主体的关系，董事会、经理层等治理主体要自觉维护党组织权威，根据各自职能分工发挥作用，既要保证董事会对重大问题的决策权，又要保证党组织的意图在重大决策中得到体现。董事会、经理层中的党员要坚决贯彻落实党组织决定，向党组织报告落实情况。在推行经理层成员聘任制和契约化管理、探索职业经理人制度等改革过程中，要把坚持党管干部原则和发挥市场机制作用结合起来，保证党对干部人事工作的领导权和对重要干部的管理权，落实董事会、经理层的选人用人权。

七、周密组织科学实施

各地区、各部门、各出资人代表机构和广大国有企业要充分认识推进国有资本授权经营体制改革的重要意义,准确把握改革精神,各司其职、密切配合,按照精细严谨、稳妥推进的工作要求,坚持一企一策、因企施策,不搞批发式、不设时间表,对具备条件的,成熟一个推动一个,运行一个成功一个,不具备条件的不急于推进,确保改革规范有序进行,推动国有企业实现高质量发展。

(一)加强组织领导,明确职责分工。国务院国有企业改革领导小组负责统筹领导和协调推动国有资本授权经营体制改革工作,研究协调相关重大问题。出资人代表机构要落实授权放权的主体责任。国务院国有企业改革领导小组各成员单位及有关部门根据职责分工,加快研究制定配套政策措施,指导推动改革实践,形成合力共同推进改革工作。

(二)健全法律政策,完善保障机制。加快推动国有资本授权经营体制改革涉及的法律法规的立改废释工作,制定出台配套政策法规,确保改革于法有据。建立健全容错纠错机制,全面落实"三个区分开来",充分调动和激发广大干部职工参与改革的积极性、主动性和创造性。

(三)强化跟踪督导,确保稳步推进。建立健全督查制度,加强跟踪督促,定期总结评估各项改革举措的执行情况和实施效果,及时研究解决改革中遇到的问题,确保改革目标如期实现。

(四)做好宣传引导,营造良好氛围。坚持鼓励探索、实践、创新的工作导向和舆论导向,采取多种方式解读宣传改革国有资本授权经营体制的方针政策,积极宣介推广改革典型案例和成功经验,营造有利于改革的良好环境。

各省(自治区、直辖市)人民政府要按照本方案要求,结合实际推进本地区国有资本授权经营体制改革工作。

金融、文化等国有企业的改革,按照中央有关规定执行。

2019 年 4 月 19 日

国务院国资委授权放权清单（2019年版）

一、对各中央企业的授权放权事项

序号	授权放权事项
1.	中央企业审批所属企业的混合所有制改革方案（主业处于关系国家安全、国民经济命脉的重要行业和关键领域，主要承担重大专项任务的子企业除外）。
2.	中央企业决定国有参股非上市企业与非国有控股上市公司的资产重组事项。
3.	授权中央企业决定集团及所属企业以非公开协议方式参与其他子企业的增资行为及相应的资产评估（主业处于关系国家安全、国民经济命脉的重要行业和关键领域，主要承担重大专项任务的子企业除外）。
4.	中央企业审批所持有非上市股份有限公司的国有股权管理方案和股权变动事项（主业处于关系国家安全、国民经济命脉的重要行业和关键领域，主要承担重大专项任务的子企业除外）。
5.	中央企业审批国有股东所持有上市公司股份在集团内部的无偿划转、非公开协议转让事项。
6.	中央企业审批国有参股股东所持有上市公司国有股权公开征集转让、发行可交换公司债券事项。
7.	中央企业审批未导致上市公司控股权转移的国有股东通过证券交易系统增持、协议受让、认购上市公司发行股票等事项。
8.	中央企业审批未触及证监会规定的重大资产重组标准的国有股东与所控股上市公司进行资产重组事项。
9.	中央企业审批国有股东通过证券交易系统转让一定比例或数量范围内所持有上市公司股份事项，同时应符合国有控股股东持股比例不低于合理持股比例的要求。
10.	中央企业审批未导致国有控股股东持股比例低于合理持股比例的公开征集转让、发行可交换公司债券及所控股上市公司发行证券事项。
11.	授权中央企业决定公司发行短期债券、中长期票据和所属企业发行各类债券等部分债券类融资事项。对于中央企业集团公司发行的中长期债券，国资委仅审批发债额度，在额度范围内的发债不再审批。
12.	支持中央企业所属企业按照市场化选聘、契约化管理、差异化薪酬、市场化退出的原则，采取公开遴选、竞聘上岗、公开招聘、委托推荐等市场化方式选聘职业经理人，合理增加市场化选聘比例，加快建立职业经理人制度。
13.	支持中央企业所属企业市场化选聘的职业经理人实行市场化薪酬分配制度，薪酬总水平由相应子企业的董事会根据国家相关政策，参考境内市场同类可比人员薪酬价位，统筹考虑企业发展战略、经营目标及成效、薪酬策略等因素，与职业经理人协商确定，可以采取多种方式探索完善中长期激励机制。

续表

序号	授权放权事项
14.	对商业一类和部分符合条件的商业二类中央企业实行工资总额预算备案制管理。
15.	中央企业审批所属科技型子企业股权和分红激励方案,企业实施分红激励所需支出计入工资总额,但不受当年本单位工资总额限制、不纳入本单位工资总额基数,不作为企业职工教育经费、工会经费、社会保险费、补充养老及补充医疗保险费、住房公积金等的计提依据。
16.	中央企业集团年金总体方案报国资委事后备案,中央企业审批所属企业制定的具体年金实施方案。
17.	中央企业控股上市公司股权激励计划报国资委同意后,中央企业审批分期实施方案。
18.	支持中央企业在符合条件的所属企业开展多种形式的股权激励,股权激励的实际收益水平,不与员工个人薪酬总水平挂钩,不纳入本单位工资总额基数。
19.	中央企业决定与借款费用、股份支付、应付债券等会计事项相关的会计政策和会计估计变更。
20.	授权中央企业(负债水平高、财务风险较大的中央企业除外)合理确定公司担保规模,制定担保风险防范措施,决定集团内部担保事项,向集团外中央企业的担保事项不再报国资委备案。但不得向中央企业以外的其他企业进行担保。
21.	授权中央企业(负债水平高、财务风险较大的中央企业除外)根据《中央企业降杠杆减负债专项工作目标责任书》的管控目标,制定债务风险管理制度,合理安排长短期负债比重,强化对所属企业的资产负债约束,建立债务风险动态监测和预警机制。

二、对综合改革试点企业的授权放权事项(包括国有资本投资、运营公司试点企业、创建世界一流示范企业、东北地区中央企业综合改革试点企业、落实董事会职权试点企业等)

序号	授权放权事项
1.	授权董事会审批企业五年发展战略和规划,向国资委报告结果。中央企业按照国家规划周期、国民经济和社会发展五年规划建议,以及国有经济布局结构调整方向和中央企业中长期发展规划要求,组织编制本企业五年发展战略和规划,经董事会批准后实施。
2.	授权董事会按照《中央企业投资监督管理办法》(国资委令第34号)要求批准年度投资计划,报国资委备案。
3.	授权董事会决定在年度投资计划的投资规模内,将主业范围内的计划外新增投资项目与计划内主业投资项目进行适当调剂。相关投资项目应符合负面清单要求。

续表

序号	授权放权事项
4.	授权董事会决定主业范围内的计划外新增股权投资项目,总投资规模变动超过10%的,应及时调整年度投资计划并向国资委报告。相关投资项目应符合负面清单要求。

三、对国有资本投资、运营公司试点企业的授权放权事项

序号	授权放权事项
1.	授权董事会按照企业发展战略和规划决策适度开展与主业紧密相关的商业模式创新业务,国资委对其视同主业投资管理。
2.	授权董事会在已批准的主业范围以外,根据落实国家战略需要、国有经济布局结构调整方向、中央企业中长期发展规划、企业五年发展战略和规划,研究提出拟培育发展的1—3个新业务领域,报国资委同意后,视同主业管理。待发展成熟后,可向国资委申请将其调整为主业。
3.	授权董事会在5%—15%的比例范围内提出年度非主业投资比例限额,报国资委同意后实施。
4.	授权国有资本投资、运营公司按照国有产权管理规定审批国有资本投资、运营公司之间的非上市企业产权无偿划转、非公开协议转让、非公开协议增资、产权置换等事项。
5.	授权董事会审批所属创业投资企业、创业投资管理企业等新产业、新业态、新商业模式类企业的核心团队持股和跟投事项,有关事项的开展情况按年度报国资委备案。
6.	授权中央企业探索更加灵活高效的工资总额管理方式。

四、对特定企业的授权放权事项

序号	授权放权事项
1.	对集团总部在香港地区、澳门地区的中央企业在本地区的投资,可视同境内投资进行管理。
2.	授权落实董事会职权试点中央企业董事会根据中央企业负责人薪酬管理有关制度,制定经理层成员薪酬管理办法,决定经理层成员薪酬分配。企业经理层成员薪酬管理办法和薪酬管理重大事项报国资委备案。
3.	授权落实董事会职权试点中央企业董事会对副职经理人员进行评价,评价结果按一定权重计入国资委对企业高管人员的评价中。

续表

序号	授权放权事项
4.	授权行业周期性特征明显、经济效益年度间波动较大或者存在其他特殊情况的中央企业,工资总额预算可以探索按周期进行管理,周期最长不超过三年,周期内的工资总额增长应当符合工资与效益联动的要求。

2019 年 6 月 3 日

国务院国资委关于以管资本为主加快国有资产监管职能转变的实施意见

党的十九届四中全会明确要求,形成以管资本为主的国有资产监管体制,这是以习近平同志为核心的党中央立足党和国家事业发展全局、对深化国资国企改革作出的重大决策,对于优化国有资本布局、发挥国有经济主导作用、促进国民经济持续健康发展具有十分重要的意义。贯彻落实习近平总书记关于加快实现从管企业向管资本转变的重要指示,推进国家治理体系和治理能力现代化,按照《中共中央 国务院关于深化国有企业改革的指导意见》等有关要求,现提出以下实施意见。

一、以管资本为主转变国有资产监管职能

适应国有资产资本化、国有企业股权多元化的发展阶段和市场化、法治化、国际化发展趋势,针对当前国有资产监管越位、缺位、错位问题,按照形成以管资本为主的国有资产监管体制的要求,从监管理念、监管重点、监管方式、监管导向等方面作出全方位、根本性转变。

(一)转变监管理念,从对企业的直接管理转向更加强调基于出资关系的监管。坚持政企分开、政资分开,进一步厘清职责边界,依法对国有资本投资、运营公司和其他直接监管的企业履行出资人职责,将应由企业自主经营决策的事项归位于企业,将延伸到子企业的管理事项原则上归位于一级企业,确保该管的科学管理、决不缺位,不该管的依法放权、决不越位。

(二)调整监管重点,从关注企业个体发展转向更加注重国有资本整体功能。立足国资监管工作全局,着眼于国有资本整体功能和效率,加强系统谋划、整体调控,在更大范围、更深层次、更广领域统筹配置国有资本,持续优化布局结构,促进国有资本合理流动、保值增值,推动国有经济不断发展壮大,更好服务国家战略目标。

(三)改进监管方式,从习惯于行政化管理转向更多运用市场化法治化手段。坚持权由法定、权依法使,严格依据法律法规规定的权限和程序行权履职。改变重审批、轻监督等带有行政化色彩的履职方式,更加注重以产权为基

础、以资本为纽带,依靠公司章程,通过法人治理结构履行出资人职责,将监管要求转化为股东意志。

(四)优化监管导向,从关注规模速度转向更加注重提升质量效益。坚持质量第一、效益优先,按照高质量发展的要求,完善考核规则,更好引导企业加快转变发展方式,推动国有企业质量变革、效率变革、动力变革,不断增强国有经济竞争力、创新力、控制力、影响力、抗风险能力。

二、突出管资本的重要内容

深刻领会管资本的实质内涵,聚焦优化国有资本配置,管好资本布局;聚焦增强国有企业活力,管好资本运作;聚焦提高国有资本回报,管好资本收益;聚焦防止国有资产流失,管好资本安全;聚焦加强党的领导,管好国有企业党的建设。

(五)加强资本布局整体调控,进一步发挥国有资本功能作用。统筹国有资本布局方向,服务国家重大战略、区域发展战略和产业政策规划,构建全国国有资本规划体系。着力优化资本配置,坚持出资人主导与市场化原则相结合,大力推进国有资本的战略性重组、专业化整合和前瞻性布局。通过强化战略规划和主业管理、制定投资负面清单、核定非主业投资控制比例等方式,引导企业聚焦主责主业。大力化解过剩产能,加快处置低效无效资产,有效盘活国有资本。

(六)强化资本运作,进一步提高国有资本运营效率。建立完善国有资本运作制度,加强国有资本运作统筹谋划,加快打造市场化专业平台。发挥国有资本投资公司功能作用,通过开展投资融资、产业培育和资本运作等,推动产业集聚、化解过剩产能和转型升级,培育核心竞争力和创新能力。优化国有资本运营,通过股权运作、基金投资、培育孵化、价值管理、有序进退等方式,实现国有资本合理流动和保值增值。加强产权登记、国有资产交易流转、资产评估、资产统计、清产核资等基础管理工作,确保资本运作依法合规、规范有序。

(七)优化资本收益管理,进一步促进国有资本保值增值。完善考核指标体系,对不同功能定位、不同行业领域、不同发展阶段的企业实行分类、差异化考核。充分发挥考核导向作用,突出质量第一效益优先、服务国家战略、创新驱动发展、供给侧结构性改革等重点,完善激励约束机制。优化国有资本经营预算的收益与支出管理,更多体现出资人调控要求,提高资本金注入占预算支出的比重，推动资本预算市场化运作。加强上市公司市值管理，提高股东回报。强化财务预决算管理和重大财务事项监管，实现资本收益预期可控和保值增值。

（八）维护国有资本安全，进一步筑牢防止国有资产流失的底线。健全覆盖国资监管全部业务领域的出资人监督制度，加强对所监管企业关键业务、改革重点领域和国有资本运营重要环节以及境外国有资产的监督。完善问责机制，加大违规经营投资责任追究力度，构建业务监督、综合监督、责任追究三位一体的监督工作闭环。强化监督协同，统筹出资人监督和纪检监察监督、巡视监督、审计监督以及社会监督力量，建立有效的监督协同联动和会商机制，切实防止国有资产流失。

（九）全面加强党的领导，进一步以高质量党建引领国有企业高质量发展。坚持"两个一以贯之"，将加强党的领导与完善公司治理相统一，指导推动国有企业党委（党组）发挥领导作用，把方向、管大局、保落实。着力抓好党的建设，坚持管资本就要管党建，把党的建设融入到管资本的全过程各方面，加强混合所有制企业党的组织建设，推进基层党组织全覆盖，不断增强基层党组织的组织力凝聚力战斗力。推动全面从严治党向纵深发展，加强国有企业党风廉政建设和反腐败工作，为国有企业改革发展营造风清气正的良好环境。

三、优化管资本的方式手段

坚持授权与监管相结合、放活与管好相统一，在明确管资本重点内容的基础上，同步调整优化监管方式，实现监管职能与方式相互融合、相互促进，增强向管资本转变的系统性和有效性。

（十）实行清单管理。依照《中华人民共和国公司法》《中华人民共和国企业国有资产法》等法律法规和国资委"三定"规定，建立完善权力和责任清单，落实以管资本为主的要求，明确履职重点，厘清职责边界。按照权责法定原则，将不该有的权力拦在清单之外；保证清单内的权力规范运行，督促责任落实到位。根据职能转变进展情况，对清单实施动态调整，规范权责事项履职内容和方式。

（十一）通过法人治理结构履职。依法制定或参与制订公司章程，推动各治理主体严格依照公司章程行权履职，充分发挥公司章程在公司治理中的基础作用。依据股权关系向国家出资企业委派董事或提名董事人选，规范董事的权利和责任,强化对外部董事的监督管理,督促履职尽责,加强沟通,健全工作联动机制,更好落实出资人意志。

(十二)分类授权放权。加大授权放权力度,结合企业功能界定与分类、治理能力、管理水平等改革发展实际,根据国有资本投资、运营公司和其他直接监管企业的不同特点,有针对性地开展授权放权,充分激发微观主体活力。定期评估授权放权事项的执行情况和实施效果,建立动态调整机制。

(十三)加强事中事后监管。切实减少审批事项,打造事前制度规范、事中跟踪监控、事后监督问责的完整工作链条。推进信息化与监管业务深度融合,统一信息工作平台,实现实时在线动态监管,提高监管的针对性和有效性。加大对国有资产监管制度执行情况的监督检查力度,不断健全监督制度,创新监督手段,严格责任追究。

四、强化管资本的支撑保障

围绕以管资本为主的目标任务,需要进一步统一思想认识、加强组织领导、健全监管制度、强化队伍建设,为形成以管资本为主的国有资产监管体制提供坚实保障。

(十四)统一思想认识,凝聚系统共识。牢牢把握国资监管机构职责定位,全面履行好中央企业出资人职责、国有资产监管职责和中央企业党的建设三方面职责,按照以管资本为主的要求,强化重点职能,调整履职方式。加强中央关于国资监管职能转变精神宣贯,突出做好对地方国资监管工作的指导监督,形成国资监管系统向管资本转变的合力,加快构建国资监管大格局、形成国资监管一盘棋。

(十五)加强组织领导,有效落实责任。立足党和国家工作全局谋划推进国资监管职能转变工作,将管资本的要求贯穿各个专业监管领域。全面查找当前履职中与管资本要求不符合、不适应的问题,主动作为,勇于担当,拿出务实管用的措施,确保改革要求落实到位。按照调整后内设机构职能,理顺运行机制,主动沟通衔接,避免工作交叉和监管空白,提高监管效能。

(十六)完善制度体系,强化法治保障。积极参与国资监管重点领域立法,推动将管资本有关要求体现到《中华人民共和国公司法》等有关法律法规修订中。及时开展文件清理,修改废止与中央精神不一致、与管资本要求不相符的国资监管规章规范性文件。完善规范性文件合法性审查机制,确保各项制度在基本方向和原则、履职重点和方式等方面符合以管资本为主的国有资产监管体制的要求。

（十七）改进工作作风，提升队伍素质。进一步提高政治站位，坚决做到对党忠诚，把加快自身改革、推进职能转变的实际行动作为检验干部增强"四个意识"、坚定"四个自信"、做到"两个维护"的重要标准。强化服务意识，加强调查研究，主动从企业角度考虑问题、推进工作，不断提高服务企业的质量和水平。加强国资监管业务知识学习，注重实践能力提升，建设一支适应管资本要求、具备管资本能力、忠诚干净担当的高素质专业化国资监管干部队伍。

2019 年 11 月

图书在版编目(CIP)数据

国有资本平台高质量发展与数字化转型 / 张苑著
. — 上海：上海社会科学院出版社，2024
 ISBN 978 - 7 - 5520 - 4349 - 5

Ⅰ.①国… Ⅱ.①张… Ⅲ.①国有资产经营—研究—中国 Ⅳ.①F123.7

中国国家版本馆 CIP 数据核字(2024)第 063644 号

国有资本平台高质量发展与数字化转型

著　　者：张　苑
责任编辑：应韶荃
封面设计：右序设计
出版发行：上海社会科学院出版社
　　　　　上海顺昌路 622 号　邮编 200025
　　　　　电话总机 021 - 63315947　销售热线 021 - 53063735
　　　　　https://cbs.sass.org.cn　E-mail：sassp@sassp.cn
照　　排：南京前锦排版服务有限公司
印　　刷：上海颛辉印刷厂有限公司
开　　本：710 毫米×1010 毫米　1/16
印　　张：7.75
字　　数：130 千
版　　次：2024 年 4 月第 1 版　2024 年 4 月第 1 次印刷

ISBN 978 - 7 - 5520 - 4349 - 5/F・764　　　　定价：38.00 元

版权所有　翻印必究